Hohenheim

Lesebuch für Designer

Mit Illustrationen
von William Firebrace
Herausgegeben
von Winfried Scheuer

Inhalt

Designergeschichten und Designgeschichte, persönliche Bilder und Meinungen

Grundsätzliches und Programmatisches

Exemplarische Beiträge zu Theorie und Geschichte

Winfried Scheuer

Vorwort

Lesebuch für Designer

Wer nur etwas von Design versteht, versteht auch davon nichts.

Das Design-Lesebuch illustriert mit seinen unterschiedlichen Beiträgen die vielschichtige Welt des Design in seiner ganzen Bandbreite. Industrie Design ist bekanntlich nicht isoliert, sondern mehr als andere Aktivitäten eingebunden, verwoben, und informiert von anderen Bereichen und Disziplinen.

Gemeinsam haben jedoch alle hier vorliegenden Beiträge, daß sie von Menschen geschrieben wurden, die Klaus Lehmann kennen und mit ihm in irgendeiner Form kooperiert haben.

Seine Verabschiedung an der Abteilung Produktgestaltung der staatlichen Akademie der bildenden Künste in Stuttgart ist der Anlaß zur Herausgabe des Design-Lesebuchs.

Der Zeitpunkt ist außergewöhnlich: Just zu Beginn des 21. Jahrhunderts erscheint diese Momentaufnahme der Designwelt, von unterschiedlichen Positionen mit verschiedenen Blickwinkeln gesehen, beschrieben und kommentiert.

Man findet hier Kurt Weidemanns geistreich sprühenden Kommentare genauso wie Beiträge von renommierten Persönlichkeiten der Designprofession, von denen es bisher nur wenig Geschriebenes gibt: Richard Sapper zum Beispiel.

Ob Designtheorie aus der ehemaligen DDR, Beiträge aus Taiwan oder den USA, die dynamische Globalisierung der Designwelt ist längst etabliert. Klaus Lehmann ist Teil davon. Von seinen beruflichen Anfängen bei Pentagram in London bis zu seiner umfassenden Berater-Tätigkeit an Design-Schulen in Asien reichen seine Kontakte und somit der vielfältige Ursprung der Beiträge auf folgenden Seiten.

Nicht Homogenität, sondern eine facettenreiche Vielfalt zeichnet das Design-Lesebuch aus. Es will auf eine Zugfahrt mitgenommen werden. Sätze warten darauf unterstrichen zu werden. Manches möchte sogar mehrfach gelesen werden. Kapitel können nach Lust und Laune übersprungen werden. Wer vieles bringt, bringt jedem etwas, ist in der Tat das Motto dieses Design-Lesebuchs.

Man kann es nach zehn Jahren wieder aus dem Bücherregal holen und sich überraschen lassen. Man wird dann möglicherweise deutlicher entdecken, was den Geist unserer Zeit und somit Design definiert hat. In diesem Sinne ist das Designlesebuch sicherlich ein interessantes Zeitdokument.

Lesebuch für Designer

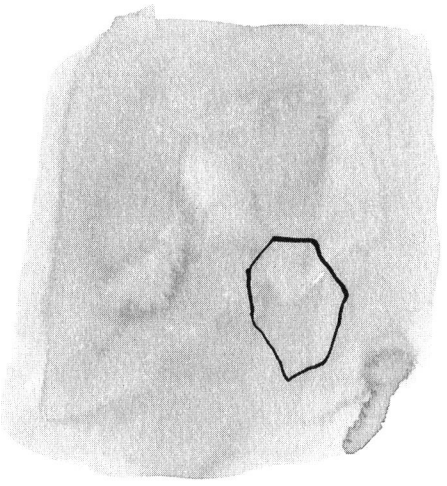

Eugen Gomringer

Designer müssen reinen Herzens gestalten

*Wasser holen geht die reine
Schöne Frau des hohen Bramen,
Des verehrten, fehlerlosen,
Ernstester Gerechtigkeit.
Täglich von dem heiligen Flusse
Holt sie köstlichstes Erquicken; –
Aber wo ist Krug und Eimer?
Sie bedarf derselben nicht.
Seligem Herzen, frommen Händen
Ballt sich die bewegte Welle
Herrlich zu krystallner Kugel;
Diese trägt sie, frohen Busens,
Reiner Sitte, holden Wandelns,
Vor den Gatten in das Haus.*

Ach, dies ist nur der Anfang des Gedichtes „Legende" von Goethe. Im folgenden Abschnitt wird das Wasserschöpfen der schönen Frau am Ganges vom Spiegelbild eines hehren Jünglings gestört. Obschon sie in ihren verwirrenden Gefühlen das Bild wegweisen will, kehrt es wieder. Die Folge: Es gelingt ihr nicht mehr, das Wasser so zu schöpfen, daß es sich zur Kugel formt. Das Wasser entflieht ihr. So muß sie vor ihren Gatten treten:

*Er erblickt sie, Blick ist Urteil,
Hohen Sinns ergreift das Schwert er; ...*

Machen wir es kurz: Er enthauptet sie! Die Legende artet in der Folge zu einer familiären Tragödie aus; uns von der Abteilung „Gestaltung" genügt vor allem der Anfang der Legende, allerdings auch die Strafe.

Die Moral der Geschichte läßt sich in wenigen Zeilen mitteilen. Nämlich: So du reinen Herzens ans Wasser gehst, um das unfaßbare Wasser als Kugel zu fassen, ohne Eimer und Krug, wirst du es schaffen, ganz ohne Verpackung des Elementes habhaft zu werden. Ja, du kannst es sogar eine Strecke weit transportieren. Es darf nur keine Verunsicherung eintreten – sonst straft dich der Umweltminister, weil es dir halt ohne Verpackung nicht mehr gelingt, Wasser zu schöpfen. Er kann dir das Leben nehmen. Der Versuch, Wasser zu schöpfen ohne jegliche Verpackung oder verpackungsähnliche Hilfsmittel sei gewagt!

Kommentar: Wer sich selbst verunsichern läßt, verunsichert nicht nur seinen Gatten, er verunsichert auch seine ganze Umgebung. Nun ist es aber so, daß wir vor Verunsicherung überhaupt keinen Respekt mehr haben. Wir lassen alles zu: Informationen, Fernsehen… Die Mogelpackung ist im Schwange. Sie ist ein Stück Unterhaltung z. B. beim Öffnen.

Skrupellosen Designern müßte demnach an wenig Inhalt und viel Verpackung sehr gelegen sein. Wie lange mag das so sein ? Wann wird der Ruf nach Nützlichkeit unsere Wüste erreichen ? Vielleicht wenn wir lange genug in der Wüste ausgeharrt haben ? Doch Nützlichkeit paßt nicht in unsere Zeit. Wir sind zu weit fortgeschritten im „Unnützen". Der Verunsicherung zu widerstehen, bleibt unser Traum. Heimlich versuchen wir es doch mit dem Gang zum Ganges. (Natürlich sind dazu auch Designer männlichen Geschlechts aufgerufen.)

Lesebuch für Designer

12 · 13

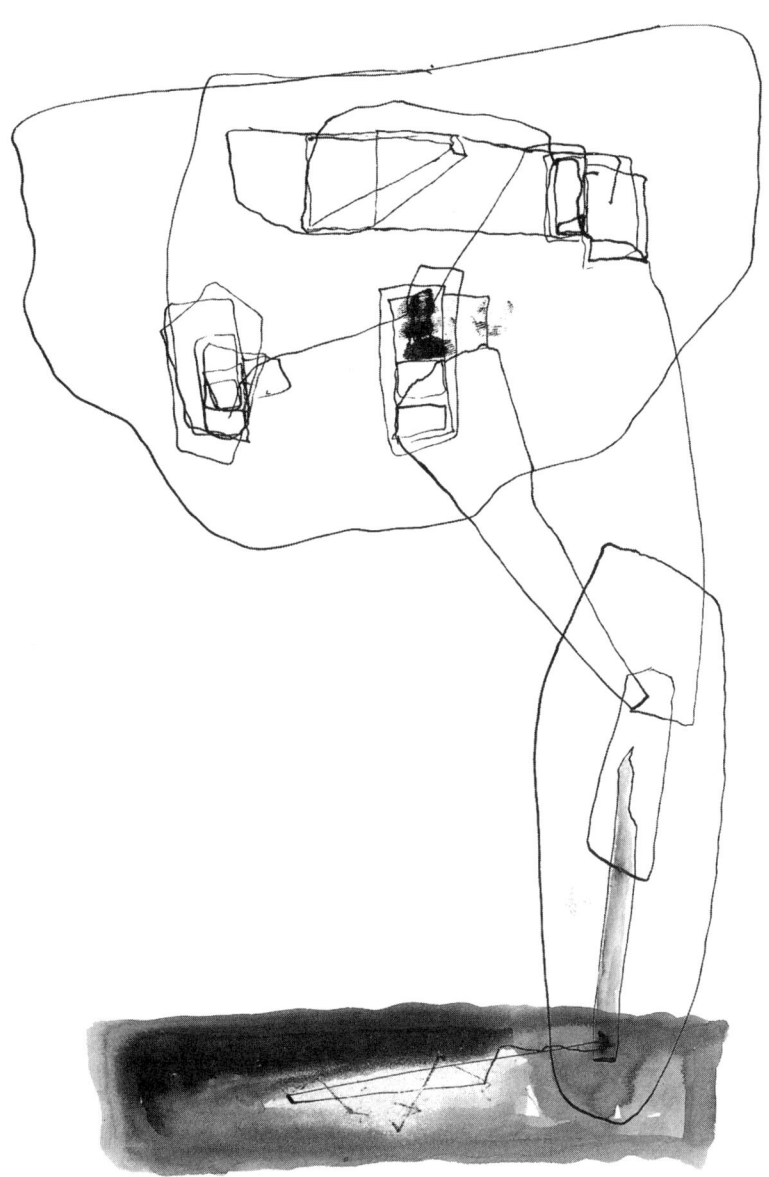

Peter Frank

Über das Sammeln – nicht nur von Design

Ich sammle Stühle, Sessel und Hocker. Bisher habe ich fünfunddreißig Modelle, darunter sind Design-Klassiker, Prototypen, anonyme Archetypen, Kleinserienmodelle und Stuhlobjekte. Mein Sammelprinzip ist offen, mal entscheide ich mich für einen Stuhl spontan aus dem Bauch, nach anderen Modellen suche ich ganz gezielt. Auf das Angebot eines Flohmarktverkäufers „Das ist ein Designerstuhl", habe ich ablehnend reagiert und es später bereut, denn es war ein gut erhaltener, funktionstüchtiger, weißer Panton Chair. Walter Benjamins Ausspruch „Der Sammler führt ein Leben zwischen Zufall und System", gefällt mir. Wenn ich bei Freunden einen interessanten Stuhl sehe, erhebe ich bewundernd „Anspruch" darauf, „weil ja nur ich ihn richtig würdigen kann". Den Tessiner Ammenstuhl habe ich solange bei Susanne und Klaus Lehmann bewundert, bis sie ihn mir geschenkt haben.

Vielleicht sind meine Stühle eine Metapher, daß ich Gäste zur Gesellschaft haben möchte. Meine Stühle sind auf die ganze Wohnung verteilt, das Wohnzimmer wirkt wie das Wartezimmer eines Arztes. Ein Gast fragte beim Anblick der vielen Stühle „Kommt noch jemand?" Nachdem die Wohnung allmählich wirklich überbestuhlt ist, schlug ein Bekannter vor, zur Platzeinsparung einige Stühle übereinander an die Wand zu hängen, das sähe doch schön aus, und manche Museen würden auch ihre

Stühle in Stapelregalen ausstellen. Ein unsinniger Vorschlag! Denn ich will sie ja alle jederzeit be-sitzen können. Ich habe eine Sammlung und kein Museum, denn die Stühle haben einen Anteil an meinem Alltag. Auch wenn ich den skulpturalen Ausdruck meiner Stühle immer wieder genieße oder neue Aspekte an ihnen entdecke, erhalten sie keine Überhöhung. Sie bleiben in jeder Beziehung auf dem Boden. Sie werden von meinen Gästen und mir benutzt, sie behalten ihren Gebrauchswert. Ich verwende sie abwechselnd zu unterschiedlichen Anlässen, manche dienen der Pflicht, andere der Muße. Ich wechsele gelegentlich ihren Standort in der Wohnung, in neuer Nachbarschaft scheinen sie einen anderen Charakter zu bekommen.

„Damit einem Gegenstand von einer Gruppe oder einem Individuum Wert zugeschrieben werden kann, ist es erforderlich und hinreichend, daß dieser Gegenstand nützlich oder aber daß er mit Bedeutung versehen ist." (Krzystof Pomian) Ich behaupte, daß meine nicht alle den üblichen Design-Kriterien entsprechenden Stühle, abgesehen von ihrem ständig bewiesenen Nutzwert, auch jeweils die oben geforderte „Bedeutung" haben
- durch ihre visuell wahrnehmbare Gestalt,
- durch die Erinnerung an den ungewöhnlichen Fundort,
- durch die nachverfolgbare Herkunft, die man bedeutungsvoll auch Provenienz nennen könnte,
- wegen ihrer designhistorischen Bedeutung,
- durch die Einmaligkeit des Prototyps,
- weil sie beziehungsreiche Geschenke von Freunden sind,
- durch die ungewöhnliche Gestaltung aufgrund spezifischer regionaler Herkunft und Anwendung,
- durch die archaische Konstruktion und Verarbeitung,

- wegen des Besitzes über vier Generationen in unserer Familie,
- wegen seltsamer Erfahrungen, die andere oder ich mit diesem Modell gemacht haben.

Ich bin versucht zu sagen, meine Stühle hätten keinen Statuswert, aber das stimmt so nicht, denn die durch Alter oder Seltenheit hervorstechenden Modelle führe ich gerne vor. Manchen Stühlen gebe ich individuelle „Namen" anstelle der nüchternen Modellbezeichnung des Herstellers. Das Modell FK 6726 heißt bei mir „Thron für Demokraten". Über alle meine Stühle kann ich Geschichten erzählen.

Zur Benutzung meiner Stühle rechne ich auch, daß einzelne von einem Dozenten für seinen Möbeldesign-Unterricht als Anschauung verwandt wurden. Erstmals habe ich einen Prototyp für die Oeuvre-Ausstellung eines Designers an ein Museum ausgeliehen. Aber das soll eine Ausnahme bleiben, denn während dieser Zeit fehlt er mir ja. Es macht mir Spaß, über meine Stühle zu recherchieren, über ihre Herkunft, ihr Entstehen. Viele Modelle sind aus der Designliteratur bekannt, bei anderen ist es schwer, Designer und Hersteller zu erfahren, nur ganz wenige Produzenten geben ihren Stühlen eine Kennzeichnung (im Gegensatz dazu: jeder Bleistift, jedes Telefon, jede Glühbirne trägt den Herstellernamen). Erstaunlich finde ich es, wie wenig Archiv- und Dokumentationsmaterial die Produzenten über ihre inzwischen ausgelaufenen Modelle haben. Kaum eine Firma hat ein „historisches" Verhältnis zu ihrer Produktion. Ich finde es interessant, daß zwei in den späten vierziger Jahren entstandene sehr ähnliche Modelle je eines amerikanischen und deutschen Designers nicht zu durchaus berechtigten Copyright-Auseinandersetzungen geführt haben, weil, wie mir der Hersteller des früheren Modells sagte, man „damals in diesen Fragen juristisch nicht sehr aktiv war". Ernüchternd ist, wenn sich herausstellt, daß der vermeintliche Gio-Ponti-Stuhl ein geringfügig unterschiedliches Modell anonymer Herkunft ist oder daß der von den Großeltern geerbte Schaukelstuhl nicht ein Original Thonet ist, sondern von einer der nach Auslauf des Bugholz-Patents um 1870 zahlreich entstandenen Konkurrenzfirmen stammt. Sollte es einer rechtfertigenden Begründung für das Stühle-Sammeln bedürfen, so kann der Hinweis genügen, daß sie die langfristige Bedeutung und Wirkung von Design beweisen und daß durch die Weiterverwendung älterer Modelle ihre umweltbelastende Entsorgung entfällt (oder sie zumindest aufgeschoben ist). Die Gebrauchsspuren stören mich nicht. Ältere Stücke lasse ich nicht der Optik wegen restaurieren, sondern um ihre Stabilität und damit die Funktionsfähigkeit zu erhalten. Bei neugekauften Modellen beobachte ich, wie ihre Oberfläche sich durch Gebrauch oder Lichteinfluß verändert, die ursprünglich hell-naturfarbenen Ledersessel haben nach zwölf Jahren einen warmen honigfarbenen Ton angenommen. 1987 gab es die Ausstellung „Die Moral der Dinge", bei der die Veranstalter davon ausgingen, daß basierend auf den Ideen der HfG Ulm „die Gestaltung in den Dienst einer neuen demokratischen Gesellschaft zu stellen sei, daß auch die Welt der Gegenstände einer neuen 'Moral' zu gehorchen hätten". Ich meine, Gegenstande können die Haltung ihrer Entwerfer und Hersteller ausdrücken und beim Benutzer Zufriedenheit oder gar Freude hervorrufen. Aber ich bezweifele, daß die Dinge selbst eine Moral haben können.

Außer den Stühlen habe ich auch noch zweiundneunzig Salz-/Pfefferstreuer und -fässer aus Glas, Porzellan, Keramik, Plastik, Edelstahl und Silber gesammelt. Die benutze ich auch, abwechselnd. Eine Zuordnung einzelner Salzstreuer zu bestimmten Anlässen oder

Gerichten habe ich aufgegeben. Max aus der Salz-/Pfefferstreuer-Serie Max und Moritz ist mein Favorit, sowohl in der von Wilhelm Wagenfeld bevorzugten großen Version als auch in der vom Entwerfer weniger geliebten kleineren Ausführung. Den Pfefferstreuer jedoch, den benutze ich nie, denn Pfeffer schmeckt ja frisch gemahlen viel besser als pulvriger Pfeffer. Die Moritz Pfeffermühle fehlt mir noch. Um die Sammelstatistik abzuschließen: Ich habe auch einhundertfünf Kochbücher. Die vielen Fettflecken darin zeugen von häufiger Benutzung zur Freude der bekochten Gäste, die auf den Stühlen sitzen und die nach Rezepten der Kochbücher erstellten Speisen salzen und dann genießen. Somit finden meine drei Sammelgebiete ihre gemeinsame Nutzbarkeit.

Klaus Lehmann sammelt u.a. deutsches und englisches weißes Steingut des neunzehnten und zwanzigsten Jahrhunderts, asiatische Keramik sowie vom Blechner mit Schere, Handsickenmaschine und Lötkolben gearbeitete Blechgefäße, deren „archaischen" Formen er starke Ausdruckskraft attestiert. Auch wegen ihrer Empfindlichkeit können seine Familie und er diese Gefäße nicht benutzen. Sie stehen in Vitrinen und auf Borden und werden gelegentlich zur eigenen und der Gäste Betrachtung in die Hand genommen. Ich lege Wert darauf, meine Stühle be-sitzen zu können. Benutzbarkeit ist kein Kriterium für Klaus Lehmanns Sammlungen. Uns eint jedoch ein Goethe-Ausspruch, mit dem Lehmann der Zeitschrift „form" auf die Frage „Was sammeln Sie?" geantwortet hat „Mir ist der Besitz nötig, um den richtigen Begriff von den Objekten zu bekommen". Klaus Lehmann hat den Ausspruch ergänzt „Um sie zu 'begreifen', muß man sie in die Hand nehmen".

Peter Frank

18 · 19

Herbert Schultes

Designergedanken zum Thema Küche

Wer klassisches Design betreibt, dem wurde schon mit der Muttermilch auf den Weg gegeben, bei jeglichem Tun im Zusammenhang mit Design als erstes die sogenannte Zweckfrage zu stellen. Diese lautet im Falle der Küche ganz einfach: Was ist der Zweck einer Küche? Wenn man diese Frage seriös, sozusagen für sich selbst, beantwortet, landet man beim Philosophieren.

Da ich mich seit mehr als zehn Jahren mit dem Design von Küchensystemen für das Haus bulthaup befasse, stelle ich mir mindestens seit diesem Zeitraum die Frage: Was ist der Zweck der Küche? Und das hat mich dazu gebracht, mich nicht mehr für die Gestaltung von Möbelstücken, sondern für die Gestaltung von Geräten für die Küche zu interessieren.

Meine ersten Ideen zur mobilen Küche entstanden während eines sommerlichen Gartenfestes im Waldgasthaus meiner Lebensgefährtin. Wir hatten damals die Idee, unsere gemeinsamen Freunde Karl Ederer und Charles Schuhmann zu uns zu bitten und anläßlich eines geplanten Sommerfestes für uns und unsere Freunde zu kochen und die Bar zu bestellen.

Es entstand spontan die Idee, für Karl Ederer, Witzigmanns ehemaligem Chefsaucier und Chef des Münchner Gasthauses Glockenbach, eine Küche im Freien, also

im Garten – zutreffender gesagt: in einer Waldlichtung –
zu bauen. Heraus kam eine mobile Küche mit einer Feu-
erstelle, einer Wasserstelle und einem Zubereitungsplatz.
Wasser, Strom und Gas verlegten wir unterirdisch. Es
war für alle Gäste ein Rätsel, woher mitten in der Waldlichtung Wasser, Strom und Gas kamen.

Von da an ließ mich der Gedanke an eine mobile
Küche, die man überall mit hinnehmen kann, nicht mehr
los – sogar bis hin zur Terrasse oder in den Garten, ins
Atelier, ins Studio, in Kreativräume, ins Büro, in die Fe-
rienwohnung und so weiter.

Nur – das allein war's nicht. Parallel dazu entwickelte sich schon damals bei mir eine gewisse Abneigung gegenüber der klassischen Frankfurter Küche.

Es ist in unserer aufgeklärten Zeit – in einer Zeit, in
der eine Mondlandung schon zum Alltag gehört, in der
die erste Fähre auf dem Mars landet, in der Zeit der De-
zentralisierung, wohin man schaut, und der beginnenden
Gleichberechtigung zwischen Mann und Frau – einfach
nicht mehr drin, den Kühlschrank, die Spülmaschine, die
Mikrowelle, den Tiefkühlschrank, den Backofen hinter
Ahorn- oder Kunststoffassaden zu verstecken und so zu
tun, als handle es sich hier um Möbel.

Nach Otl Aichers Meinung wird die Küche dann de-
korativ, wenn es etwas zu verbergen oder zu kaschieren
gibt, denn gemäß der Zweckfrage geht es in der Küche in
erster Linie ums Kochen und nicht um die Zurschaustel-
lung von Möbelattrappen.

Otl Aicher, der dem Hause bulthaup immer Vorbild
war und der die Grundphilosophie dieser Küchen-
systeme von Anfang an beeinflußt hat, formulierte tref-
fend in dem bulthaup-Buch „Die Küche zum Kochen":
„Das Ergebnis ist summa summarum, daß noch viel zu
tun ist, um das Kochen zu einem wirklichen Spaß zu machen, auch wenn es Arbeit ist und immer Arbeit bleiben

wird. Hierbei hat mancher Ausflug in die Geschichte des Kochens und der Küche sich bezahlt gemacht. Die Geschichte des Kochens ist für mich so interessant geworden wie die Geschichte der Architektur oder der Maschinentechnik."

Des weiteren kommt Otl Aicher bei seinen geschichtlichen Betrachtungen auf die frühen Restaurantküchen des Großbürgertums zu Paris, in denen es sich schon damals um Geräte und nicht um Möbel handelte.

Meine Grundeinstellung zum Thema Küche heißt also „Geräte statt Möbel". Sie läßt völlig neue Grundrißanordnungen zu, z. B. können die einzelnen Geräte so im Halbkreis angeordnet werden, daß für zwei Leute, die sich am Arbeitsplatz gegenüberstehen und gemeinsam kochen, die kürzesten Wege zu den jeweiligen Geräten entstehen.

Diese Geräte, die von Beginn an beim bulthaup-System 20 als in sich abgeschlossene Funktionseinheiten definiert wurden, sind in jedem Falle mobil. Zum Beispiel durch Räder, aber auch mit Standfüßen können sie leicht innerhalb einer Küche oder einer Etage oder eines Hauses transportiert werden. Das schließt selbstverständlich auch den einfachen Transport von Stadt zu Stadt, von Land zu Land oder von Kontinent zu Kontinent ein.

Folge ist, daß das Reagieren auf Veränderungen in einem Haushalt, Veränderungen von Lebensgewohnheiten oder Standortveränderungen sehr viel einfacher wird als bei der klassischen Ein- oder Anbauküche. Ein anderer Vorteil, der sich automatisch aus der neuen Denkweise ergibt, ist der, daß ich bei der Einrichtung einer neuen Küche mit einigen wenigen Grundelementen beginnen und das System durch Zukauf peu à peu ergänzen kann.

Bei der Gestaltung der einzelnen Funktionseinheiten sind ganz gezielt rein technisch-funktionale Lösungen entstanden. Dadurch ist es möglich, diese Geräte mit vorhandenen Möbelstücken wie Buffets, Schränken und Kommoden zu kombinieren, unabhängig davon, aus welcher Stilrichtung diese Möbel stammen. Jeder weiß, daß man beispielsweise einen Sony-Fernseher – die Sony-Geräte sind für ihre technische Ausstrahlung bekannt – mit allen modernen Möbeln oder Antiquitäten kombinieren kann, weil sie durch die Technizität ihrer Ausstrahlung stilunabhängig sind. Der gleiche Effekt wurde bei der Gestaltung der System 20-Elemente erreicht.

Ein Vorteil ist die Einsatzmöglichkeit der System 20-Funktionseinheiten als Allroundmöbel – verzeihen Sie mir hier den Ausdruck Möbel; z. B. kann der schmale Stauraumsschrank mit transluzenter Glastür als Sammlerschrank verwendet werden. Oder – in Reihung aufgestellt – als Bücherschrank. Die sogenannte Gerätegarage kann als mobile Bar oder als Stehsekretär für Computerarbeitsplätze verwendet werden. Der fahrbare Stauraum kann z. B. im Bad, im Arbeitszimmer, in der Bibliothek, im Konferenzraum, in der Werkstatt, im Büro und natürlich auch als Servierwagen genutzt werden.

Das Kochen bereitet insbesonderen Spaß, wenn sich mehrere Personen die Arbeit und das kreative Tun teilen, denn ähnlich wie in einer professionellen Kochwerkstatt ermöglicht die freie Konfigurierbarkeit der einzelnen in sich abgeschlossenen System 20-Funktionseinheiten spezifische Layouts, in denen das Zusammenarbeiten einer Crew optimal gewährleistet ist. Bei den Kochversuchen, die ich selbst miterlebt habe, war die Kommunikation aller Beteiligten während des Arbeitens ausgesprochen stimulierend, und dem einen oder anderen lief das Wasser schon während des Kochens im Mund zusammen.

Alles in allem bedeutet die Einführung der mobilen Küche den Abschied von der konventionellen Frankfurter Küche.

Eine neue Ära beginnt!

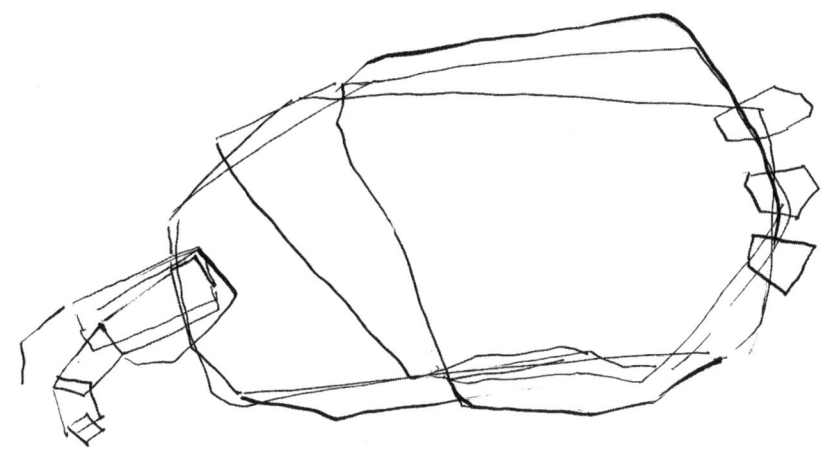

Arno Votteler

Meine Designgeschichte

Wenn heute das Design anerkanntermaßen auch im internationalen Maßstab eine Heimat in Deutschland hat, so ist das vor allem einer langen Phase des Suchens, des Experimentierens und des Hinterfragens zu verdanken. Eine Zeit, die nicht nur vom Vermächtnis der in den sechziger Jahren geschlossenen Ulmer Hochschule geprägt war, sondern vor allem von Persönlichkeiten, die sich mit unterschiedlichsten Werdegängen dem Design näherten und aus den Zeitläuften das Berufsbild des Designers destillierten.

Nach den Wirren, die der verheerende Krieg in die Jugendzeit meiner Generation gebracht hat, studierte ich an der Kunsthandwerkschule in Bonndorf im Schwarzwald Innenarchitektur. Am Ende dieses Studiums, im Jahr 1950 fand ich in der Möbelfabrik Walter Knoll in Herrenberg meine erste Anstellung als Designer. Meine Hauptaufgabe bestand darin, jedes einzelne Möbel auf Fehler hin zu kontrollieren. Ohne mein Zeichen konnte kein Möbel den Weg zum Versand antreten. In der wenigen Zeit, die daneben noch übrigblieb, durfte ich selbst Sitzmöbel entwerfen und diese dem strengen und autoritär entscheidenden Chef vorlegen.

Dies war in der Hierarchie des Unternehmens allerdings fast nicht möglich. Aber mir fiel auf, daß der alte Knoll immer nach Feierabend Zeit hatte, und außerdem, daß dieser kantige Patriarch Werkbundmitglied war.

Damit erschloß er mir eine für mich neue Welt der Moderne – und zwar indem er mich als Wochenend-chauffeur engagierte und ich so zu zahlreichen interessanten Veranstaltungen Zugang bekam – wie zu den Darmstädter Gesprächen, zur Gartenschau in Kassel und überall dort, wo Knoll-Ausstellungen eröffnet wurden.

Nach zweieinhalb Jahren hatte ich eine eigene Kollektion von Polstermöbeln entwickelt, für einen Sperrholzstuhl ein Patent erhalten und bekam Lizenzen. Von diesem Geld finanzierte ich dann das sich anschließende Studium bei Herbert Hirche in Stuttgart, den ich über Walter Knoll kennengelernt hatte. Seit dieser Zeit hat mich das Thema Sitzmöbel nicht mehr losgelassen. Bis heute, also fast fünfzig Jahre später, arbeite ich mit Fabrikanten zusammen, um neue Wege und Verbesserungen zu suchen, um gemeinsam gutes Design zu entwickeln. Ein Design, das mehr ist als bloß eine Produktentwicklung, das sich mit allen mit dem Produkt in Beziehung stehenden Faktoren beschäftigt, das was heute mit dem Corporate Design bezeichnet wird. Ich fühle mich mit in die Verantwortung genommen und in der Verpflichtung, als Designer das unternehmerische Risiko mitzutragen.

Die Verbindung zum Sitzmöbel und zum Thema „sitzen" setzte sich auch bei dem zweiten meiner drei Ziehväter, bei Albert Stoll aus Koblenz in der Schweiz, fort. Er war einer von drei Brüdern, die schon vom Großvater her Bürodrehstühle produzierten. Albert Stoll lud mich zu Wochenendseminaren ein, die von einem holländischen betriebspädagogischen Institut geleitet wurden und Führungskräften in der Industrie den neuen Begriff Marketing erläuterten. Über seine Verbindung wurde ich mit Giroflex do Brasil in São Paulo und der Familie Schmidt bekannt und bin bis heute mit deren Söhnen befreundet. Meine Aufgabe bestand in erster Linie darin, den Brasilianern klarzumachen, daß gutes Sitzmöbeldesign auch in einem sogenannten Entwicklungsland verkauft werden kann.

Bei vielen Aufenthalten in Saõ Paulo – 1967 mit meiner Familie fast ein ganzes Jahr lang – lernte ich in der Stuhlfabrik das Konstruieren und Fertigen unter erschwerten Bedingungen und wurde immer wieder an die Designhochschule in Rio de Janeiro zu Kompaktkursen über Möbeldesign eingeladen. 1975 übernahm ich den Lehrstuhl von Herbert Hirche, meinem dritten Ziehvater gewissermaßen, und etwa zeitgleich begann auch mein Auftrag, als Designer für Martin Stoll tätig zu werden. Für mich als Entwerfer war diese enge Zusammenarbeit zweischneidig. Auf der einen Seite hatte ich einen großzügig bemessenen Jahresvertrag mit festem Honorar, was für mich wirtschaftlich eine wichtige Sicherheit darstellte, da die Mitarbeiter im Büro zu jedem Monatsende bezahlt werden mußten. Auf der anderen Seite schloß dieser Vertrag eine Zusammenarbeit mit anderen Herstellern auf dem Sektor Sitzmöbel aus und erzeugte damit eine immer enger werdende Sichtweise. Aber es entstand in dieser intensiven langen Zusammenarbeit eine fruchtbare persönliche Verbindung. Alle drei Wochen fanden in unserem Büro im Haus regelmäßige Entwicklungssitzungen statt, zu denen auch Martin Stoll nach Stuttgart kam. Bei den Arbeitsessen kam es zu vielen wertvollen Gesprächen, die weit über die Designthematik hinausgingen. Nach 15 Jahren erfolgreicher Zusammenarbeit trennten wir uns im Einvernehmen, und ich befand dies als eine Befreiung, mich nun auch anderen Aufgaben zuwenden zu können.

Das Thema Sitzen verfolgte mich allerdings weiter und holte mich ein als die Unternehmer Jürgen Bisterfeld und Jürgen Weiss auf mich zukamen, sie beim Aufbau einer neuen Firma für Objektmöbel als Designer zu unterstützen. Das war im Jahr 1987, und außer einem kleinen Büro in Kircheim/Teck gab es nichts als die Absicht, Möbel, die einem hohen Designanspruch standhielten, für die Einrichtung von Heimen und öffentlichen Einrichtungen auf den Markt zu bringen. Nach großen Anfangsschwierigkeiten stellte sich mit der Verleihung diverser Designpreise sowohl der künstlerische als auch ein respektabler wirtschaftlicher Erfolg ein – so daß die Gründer sich nach zehn Jahren schon aufs Altenteil zurückziehen konnten. Das heißt, sie verkauften die Firma, in die ich die allermeiste Arbeit und Aufwand investiert hatte, von heute auf morgen und – da ich einen Lizenzvertrag hatte – mich einfach mit. Mir wurde nun spät, aber nicht zu spät, klar, daß für einen Designer sich die Zeit radikal geändert hatte. Ich habe aber gelernt, daß man Möbel auch ohne Entwicklungswerkstatt und ohne langjährige Fertigungserfahrung in der eigenen Fabrik entwerfen kann. Dies bedeutete auch für mich eine erhebliche Umstellung in der Art zu betreuen und zu beraten. Zugute kam mir, daß ich durch meine Lehrtätigkeit immer gezwungen war, auch theoretische Grundlagen zu be- und erarbeiten.

Und nun der Ruhestand? Der Beruf des Designers, des Vermittlers, Integrators, Beraters und Strategen ist eher eine Berufung als ein Beruf und verträgt es schwer, mit der Stechuhr gemessen zu werden. Sicher findet der Alltag ohne Lehrverpflichtung an der Akademie weniger geregelt statt und sicher verschiebt sich der eine oder andere Tätigkeitsschwerpunkt. Aber einen „Überzeugungstäter" wird das Design nie loslassen!

Lesebuch für Designer

34 · 35

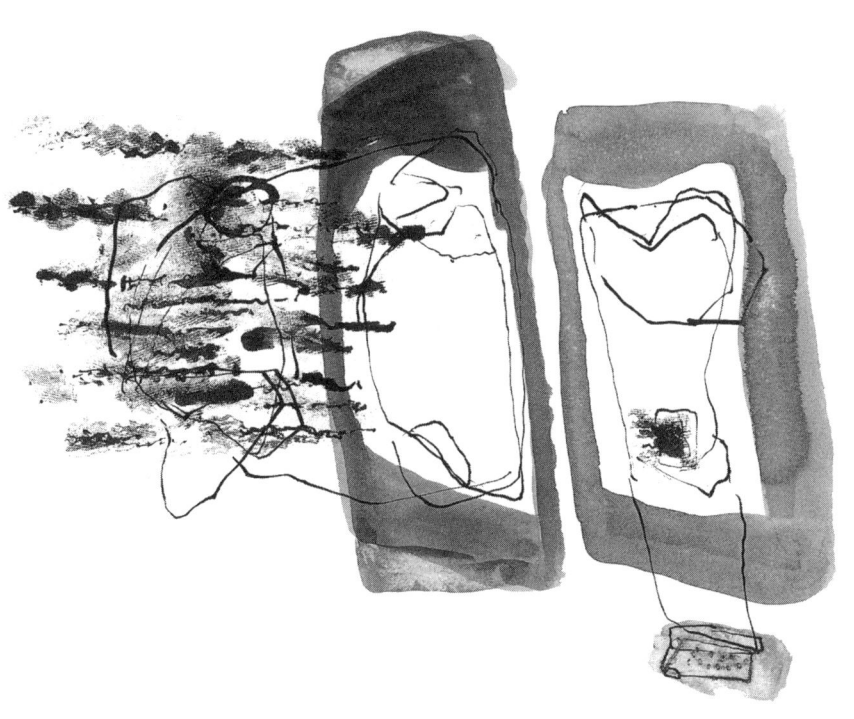

Kenneth Grange

Recollections

Obwohl es die Absicht der Redaktion war, persönliche Kommentare zu vermeiden, wird aus design-historischen Gründen dieser Beitrag hier abgedruckt.

I cannot remember Klaus arriving, or how we met; who we both knew who brought us together. Maybe he wrote and something in that letter intrigued me, or, as has been said of another favourite assistant – he just happened to knock on the door when I needed somebody to hold the other end of a piece of wood and somehow he never left …

But he came and was soon an absolute rock of excellence in everything he did.

There were four of us, another young designer Bernard Sams and an Architect, Ian Langlands. We all worked in one room – a spare bedroom – in an apartment in a suburb of London. My wife was out at work all day and one of my frequent problems was that sleeping in the next room it was too easy for me to get up, make a cup of tea, and go into the workroom, maybe two or three hours before Klaus and the others arrived when they found me still in my pyjamas at my drawing board. That was not of great importance but it became so when a client came to see us and I, ever the cliffhanger, was shaving and bathing and hiding away.

I said drawing board, at that time our equipment was very primitive. Boards and Teesquares and boxes of instruments, I remember my own were Riefler, an old style one and beautifully made.

At that time I had been on my own for four years and now it is fortyfour years! And much has changed both in techniques of design and what industry and commerce expects from designers. But in respect of what Klaus brought, nothing has changed because his invention and sophisticated aesthetic judgement and determination for perfection, all are the only qualities that will ever matter in a true designer.

I know, I truly know, how much we four novices owed to the quality of our clients. It is a fact that any designer is only as good as his or her colleagues in industry. We may have been the best designers around but in the ways of industry and commerce we were children.

So, whether or not we were willingly and generously taught by our clients was really whether or not we would flourish in our lives.

And some of those clients were big, we were designing cameras for Kodak, and that contract lasted for twentyfive years and it all owed to the good will of the people who were that 'client'.

I still think that the job which gave us most scope and which developed into my favorite object, was a battery powered razor for a big maker of needles. An odd ownership but it was a very old and rich company, and they wanted to diversify, not with any Government or EU handout but with their own money, into new products. Because they were absolute experts at fine engineering – the making of tiny holes in sewing needles – they had commissioned us to design a razor. They were wonderful engineers, and they only ever encouraged us to design more and more beautifully. When we asked for the body to be made in Melamine, an expensive compression molding, they also wanted it to be as good as it could possibly be.

This was Klaus's particular baby and he made the models, did the drawings, invented many elegant features, and for all this, I am eternally grateful. This design got for us a lot of publicity, we were again lucky, for the newspapers it was a quiet time. No wars, no Watergates or Clintongates or earthquakes, and so in our little design world we became famous. Prince Phillip, our Queens husband, gave me a special prize and in that prize my trusted friend Klaus, also had a hand, I designed a watch which the Duke would give me a year later after the prize was announced and for that watch Klaus made a special box, in ebony with black suede leather and an ingenious hinge – all of this he made.

The box was so beautiful, it dwarfed the gold watch, that when the Duke gave me the prize he said "I didn't have to pay for that box too, did I?"

I think by this time we had moved from my apartment to an office five kilometer away and on that route in Hampstead is a famous pond on a hill where the horses, tired after labouring uphill from the City of London would, in years past, walk in for a drink. Klaus, among his other extraordinary talents was a very gifted photographer und I still have our moving card which he made which showed the four of us reflected in this pond as we carried our drawing boards und tools on to our new office.

He worked for me for four years and I was very disappointed when he left but he wanted, quite rightly, to gain more experience before he returned to his home in Stuttgart.

I remember being surprised when he told me that he wanted eventually to be a teacher. It was strange for me that somebody as talented as he should want to give up our exciting, even glamourous, world of design. We had wonderful parties, lots of laughs, lovely girls, the world was, if not rich in money, as we say, our oyster! – And to give this up to teach? Of course I knew some splendid people as teachers but at heart I think we 'doers' believed. In the old adage – teachers teach, others do! And we were only interested in 'doing' – creating, developing designing, making, really 'doing' things of all sorts.

How stupidly wrong I was!

Klaus was always more intelligent and better educated than I and he knew that if he could pass on what he had learned to receptive minds and also build more sophisticated places of learning, then the future of our profession would be at the centre of the emerging industrial culture.

Klaus has been one of the great inspirations for our world of design – I am still sorry he left me, my life, which has been rich enough by any standard, would have been richer still – but I still count myself fortunate to have had him come to hold the other end of the wood …

Lesebuch für Designer

40 · 41

.

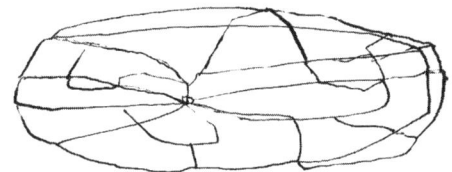

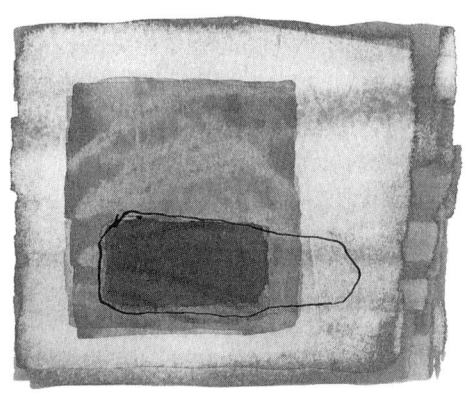

Heike Göller

Wanderer zwischen den Welten

Carossa? hatte ich es je gelesen? Das Buch stand im Regal meiner Eltern, beigefarbenes Leinen mit roter Schrift, es wurde aussortiert später, weil kein Platz war, zu viele Bücher, die sich stapelten – doch so, fühle ich mich jetzt, auf dem Flug nach Detroit, wieder mal – über den Wolken – Deutschland zurücklassend. Wie viele Jahre ist es, daß ich Stuttgart so verlasse, jährlich, zweiundzwanzig Jahre; nicht, um auszuwandern, nicht, um zu bleiben, nicht, um alles hinter mir zu lassen, die Freiheit zu suchen, eher, um zu beweisen, daß man dies kann, hier und dort sein.

Die Projekte hatten schon gezeigt, daß man nicht mehr nur hier sein kann, im Vertrauten, hier, wo man aufgewachsen war, hier, bei den Freunden, wenn es einem Ernst war mit dem Beruf des Design: die Gefahr, nur das zu können, nur das zu sehen, intuitiv, das für hier richtig ist.

Wußte ich das? Eher, daß dies ein Beruf ist, der, wie eine Reise endlos … faszinierend … ist, da alles, was um einen herum passiert, tagtäglich kaleidoskophaft Teil ist. So war ich: engagiert: wie man, wenn man in Deutschland Design studiert hat, so ist: die klare, logische Linie verfolgend, mit gelernter Zurückhaltung, behutsam, analytisch … opinionated? Was kam, war eine andere Welt: fast, emotional, outspoken, superficial, aggressiv … von sich eingenommen, unklar.

Die ersten Jahre, habe ich nur beobachtet. Was, warum, was war der Grund? Was wußte ich wirklich von anderen Lebensweisen, war das Gelernte richtig für hier?

– hinter den Wolken nun Stuttgart –
Ja, ich sehe sie: Hirche, Lehmann, Witzemann: an der Akademie … Heinle und Stadelmaier, dann Votteler und Henning … die beste, ich weiß, Innenarchitekturausbildung, die es nun nicht mehr gibt. Hirche, der nur eine einzige Frage zu stellen brauchte, oh: back to the drawing board: sechs, sieben Wochen Arbeit: wo? klaglos: Es war klar, durch diese Frage klar, es war einfach noch nicht klar genug durchdacht! Die damit erworbene Disziplin und das Erfahren von Verantwortung unterschwellig; Lehmann, der uns in Staunen setzte, wir noch ganz grün, hast du gesehen: Seifenblasen! Seifenblasen? Eine kleine Manipulation machte es sichtbar: Spannungen … Verspannungen. Wir staunten. Witzemann: eine Welt fraulich, bunt, emotional; Heinle: zwischen den Worten im Dämmerlicht flog es vorbei: learning by doing, wie bitte? all die Bilder, Architektur-Bauten-Bilder, mitten in der Welt seiner Bilder, ja, richtig, ich höre: learning by … wir lernten das Grau lieben, die zwanzig Nuancen des Graus, seine Eleganz, Anpassungsfähigkeit und Indifferenz, das Suchen und Staunen, das Mensch sein, Sehen lernen, Fragen stellen und das Hineindenken in die Welt.

– wie wolkig es heute ist –
War es Brown, der in seinem Vortrag zu Zukunftsbilder für Design sagte: Ohne die Fähigkeit unsere Erinnerungen zu visualisieren, haben wir keine Geschichte, keine Sprache und keine Kultur … die Fähigkeit des Menschen, die Vergangenheit zu projizieren, sie neu zu ordnen, zu multiplizieren und zu transportieren, ist einzigartig. Ist Basis unseres Seins.

Die Fähigkeit des Designers, darauf aufbauend neue rationale oder auch irrationale imaginäre Welten zu schaffen, ist, versucht man die Mechanismen zu verstehen, unglaublich spannend, ja genial. Ist Basis unseres Tuns. Da sind sie: die virtuellen Welten. Schon in uns beim Entwerfen.

An der Schwelle dieses „neuen" Zeitalters, ist diese Fähigkeit faszinierender denn je. Die Entwicklung und Gestaltung dieser Welten, ob Räume, Objekte, Ereignisse, nun elektronisch möglich, ergänzt, was in unseren Köpfen, biologisch, schon war. Doch nun wird sie teilbar, wird als elektronisch visualisierte Erinnerung mitteilbar, und jederzeit zugänglich für jeden, überall, weltweit. Ist es erstrebenswert?

Das „letzte" Jahrhundert, so wird gesagt, war ein Jahrhundert der Bewegung und der Sehnsucht nach Freiheit. Wer sie nicht in der Alten Welt finden konnte, suchte sie in der Neuen. Fortschritt hieß neue technische Möglichkeiten, die als Folge die Menschen immer schneller mit Neuem überrollen. Deshalb der Anspruch auf Erinnerung durch retro design? Selbst die Autoindustrie, die ohne technische Innovation keinen Bestand hat, ist davon betroffen. Der Versuch jedoch, stilistisch Aussagen zu treffen, die uns an eine andere Zeit binden, ist nicht neu. Immer dann, wenn zu viele Veränderungen das gewohnte Umfeld bestürzen, ist das Bedürfnis groß, an etwas festzuhalten, das durch sein Alter, seine Vergangenheit Beständigkeit verspricht.

Wir lachten, hast du gesehen? Kicherten den ganzen Weg die Treppe hinunter, den Gang entlang: Spitzendeckchen! Wie kann man nur! Diese klaren, schönen Kästen, schwarz und weiß klar kantig, wie kann man sie nur mit einem Spitzendeckchen … hast du`s gesehen, oben im Büro, und eine Plastikblume! man brachte es fast nicht über die Lippen. Die Arme, wir wußten es besser, wußten es ganz genau. Kein Dekor, um Himmels Willen, kein Dekor. Wenn Blumen, dann echt, wenn Vorhänge, dann weiß, die Dinge zeigen, wie sie sind!

– Wattewolkenberge hinter der Scheibe, ein Schatten, interessant, eine Schattenlinie dort draußen: das Flugzeug –

Heute, fürchtet man den Verlust von Realität – durch die Möglichkeit der Erlebnissimulation im Computer. Realität? Ist Realität, wie die Dinge wirklich sind? Vielmehr, was jetzt und hier erlebt wird mit allen Sinnen? Dann sind die Wolken draußen Realität, so fern und unerreichbar sie sind, und meine Gedankenbilder, so nah? Alles, was Realität ist, findet im Kopf statt. Möglich, daß unser Bezug dazu neu definiert werden muß. Denn unumgänglich wieder zu Beginn eines Zeitalters, des „Cyperage" eröffnen sich Welten, die vermutlich die Zugänglichkeit und Begriff von Sprache, unsere Kommunikation, und Da-Sein neu festlegen werden. Dennoch, das Urteil findet in unseren Köpfen statt.

Anfangs, von Deutschland kommend, hatte ich schon ein Urteil. Ich behauptete: zu Besuch ja, diese Welt voller icecream, tv, richtigen Indianern, war sehr interessant, aber bleiben: nee. Im Schauen vom Taxi aus durch die Scheibe die Landschaft, die Hügel, entlang der Bay; die Gedanken, I was twentysix years old, das soll die schönste Stadt der Welt sein, wo? Ich seh's nicht! Find ich nicht! Wenn das die schönste Stadt … und später zu Fuß entlang der Straßen: nicht zu glauben, sieht das niemand, so viel Ungepflegtes zwischen den Häusern, und visueller Wirrwarr, ach je, warum? … und so viele Häuser im Stil von? Was soll das bloß sein? Neo-Klassik, Neo-Mittelalter, Neo-English Country Manor …

Heute weiß ich, daß wie wir urteilen, welche Wertigkeiten wir besitzen und zumessen, wird in einem Alter festgelegt, in dem wir als Erwachsene annehmen, daß wir nicht fähig sind, Zusammenhänge zu verstehen. Unbewußt entsteht unser Wertesystem zu einer Zeit, in der wir nicht vollwertig und doch für später festgelegt sind. Massey sagte, nur „significant emotional events" könnten uns aufrütteln, danach, die zu jener Zeit erkannten Werte zu ändern. Wenn man bedenkt, daß unabhängig von Umwelt und Lernmöglichkeiten, wie wir und was wir sind, zu fast fünfzig Prozent durch Gene festgelegt ist …

Demnach gäbe es gar keine neuen Welten?

Weil man nur, diese Vermutung hatte ich schon, fähig ist, das zu sehen, was man schon gesehen hat? Fähig, nur das in seiner Bedeutung zu erkennen, das man als Erfahrung, Referenz, in sich trägt? Können demnach unsere Wege, gestalterische Erlebnisräume, niemals Auswege sein, da sie immer gelotet sind im Urteil der Erinnerung? Wir brauchen sie, ich weiß, da wir sie auf der Suche nach Identität als Orientierung nutzen.

Später, ich fuhr dieselbe Strecke, und war inzwischen von West nach Ost, nach Süd und zurück nach Nord gereist, sah ich es, fühlte ich es, ja hier, entlang der Hügel die Bay Area, zweifelsohne, die schönste Stadt … und dann, nicht mehr zu Fuß, im Auto, dieselbe Strecke entlang der Häuserfronten, die wirren Zwischenräume waren verschwunden.

Wir sind ihn ja gegangen, den Weg der klaren Linie, der Logik und Ästhetik des Funktionalismus, die Suche nach der Balance im erweiterten Funktionalismus, nach den Werten durch das Erfassen der Semantik, und folgend der Kultursprache, der Versuch der Bedeutungszumessung.

Auf diesem Weg ist klar, daß nur eine Welt, die für uns logisch und emotional erfaßbar ist mit allen Sinnen, Bedeutung hat. Doch Design ist international. Wir müssen lernen, unsere Erfahrungen zu benützen, für andere Bedeutungen zuzumessen zu deren Orientierung. Unsere Ideen, unsere Design-Vorstellungen und somit unsere Welten werden elektronisch um die Welt reisen. Wie werden sie erkannt und gewertet werden in den anderen Vorstellungs-Welten, in anderen Kulturen?

Was bedeutet dies für die Lehre?

Mein Versuch in einer anderen Kultur funktionieren zu wollen als Architekt, Designer, Innenarchitekt, als Lehrer, hat bestätigt, wie notwendig es ist, nicht nur die eigenen Maßstäbe anzusetzen, hat gezeigt, wie unabdingbar, sich hineinzudenken in die Welt der anderen, wie wesentlich und wichtig, Methoden zu ersinnen ist, die diese Welten lesbar machen. User participation und the study of interface, buzz words lately, befaßten sich mit allem, das sich zwischen mir und den Dingen abspielt, doch wie, und wie interpretiert, kann von Ort zu Ort anders sein. Die nächste große Aufgabe ist das Verstehen der Verschiedenartigkeit. Huntington in seinem Buch: Kampf der Kulturen, versucht uns klarzumachen, daß nach dem Zusammenbruch der großen Ideologien, es die Kulturen sind, die als Wegweiser fungieren, daß die Suche nach Identität stärker ist denn je, und daß es nicht die westlichen Kulturen sind, die richtungsweisend sein werden.

– von hier aus betrachtet bleiben die Wolken stehen – wenn nicht dieser kleine Punkt wäre da draußen, dieser Schatten, der sich bewegt ..., und in diesem Punkt gefangen, sind all die Leute um mich herum, schlafend, lesend, schwatzend, all dies Leben, das vorbeizieht. Das Wesentliche ist für die Augen unsichtbar, sagt Saint Exupery, und er dachte an die Erinnerungen, die der Blume Bedeutung und dem Fuchs seine Identität gaben.

– sich also so zwischen den Welten befinden ... als möglichen Weg?

Jeder muß wohl sein Land verlassen, muß sehen, fühlen, erfahren, wie es ist, ausgesetzt zu sein, erst dann werden die Werte sichtbar, erst dann kann ich von mir erwarten, daß ich Werte schaffe, die auch für andere Bedeutung haben. Für die Lehre heißt dies: to learn how to learn als Ziel; und zu begreifen lernen, daß das, was einen selbst ausmacht, nicht ausreicht, um zu verstehen, was richtig ist ... War es Glen, der sich, nachdem er die Erde vom All aus sah, vehement für Ökologie einsetzte?

Dieser Wechsel zwischen hier und dort, das immer wieder sich lösen von Heimat, fungierte als significant emotional events, die wie Sandkörner jedesmal wieder soviel Reibung verursachen, daß diese Verschiedenartigkeit als Tiefe geachtet und Beurteilung durch Erfahrung als Variable deutlich wird. If: global unity requires the awareness and preservation of cultural identity: Dann ist der Weg die Reise. Goethe meinte, wichtiger als wohin die Reise geht, wäre es, was wir auf dem Weg erfahren. Er fuhr mit der Kutsche nach Italien. Wäre er heute via Internet gefahren? Die Aussichten für Design sind immens: Schon heute zeigt sich am Beispiel der „concept" stores, die die Kulturen durchlaufen eigene Stilgruppierungen bilden und dabei weltweit eigene Orientierung für Wertsysteme bieten, wie vielfältig unser Aufgabengebiet ist.

– *Gedankenbilder, Wolkengedanken,*
Gedankenberge.
Die Bilder verblassen.
Ist es Zeit?
Die Stewardeß kommt und bringt Kaffee. –

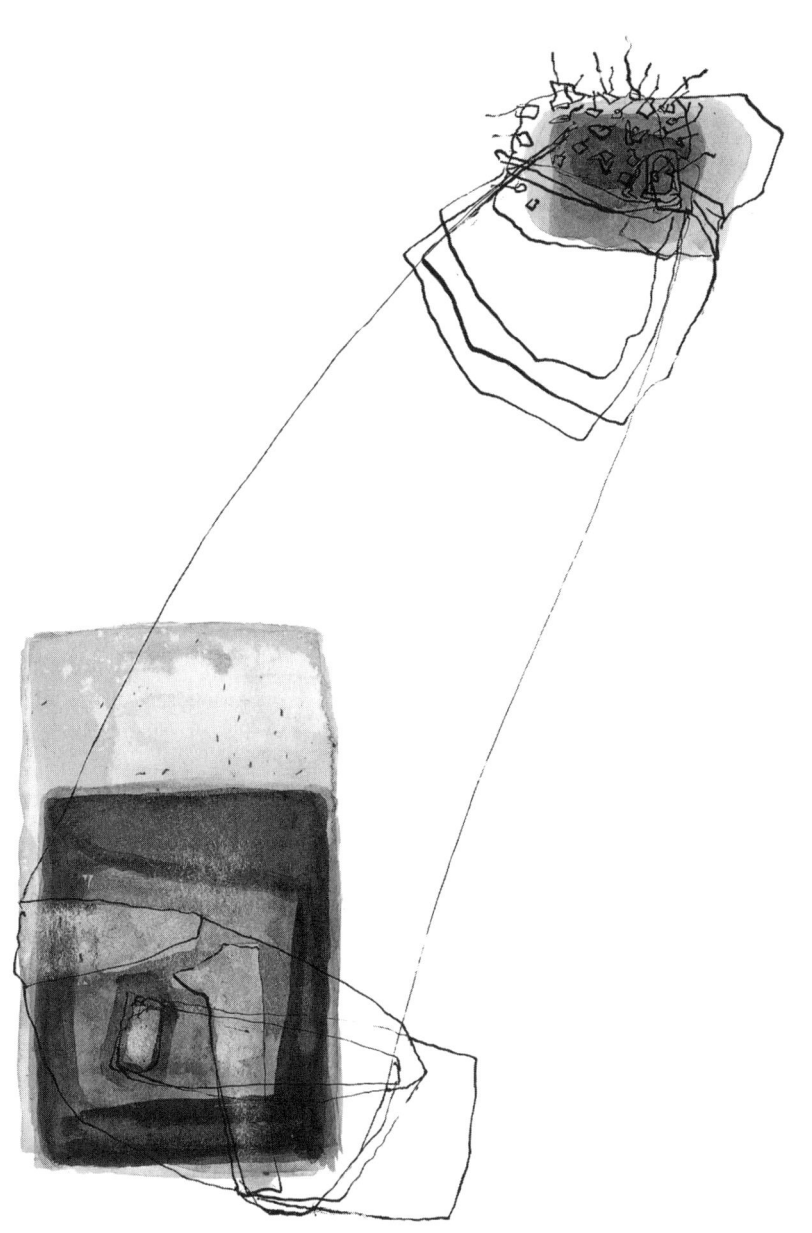

Jörg Schlaich

Die Baukunst ist unteilbar

Es ist wenig sinnvoll, erneut auf das Verhältnis Architekt - Ingenieur einzugehen. Solange die Architekten die Ingenieure als Sklaven behandeln und die sich nicht nur „Statiker" nennen lassen, sondern sich auch so benehmen, geschieht nichts.

Aber zu dem Zusammenhang zwischen dem Stand der Ingenieurwissenschaften am Hochbau und der Fähigkeit der Architekten, mit ihm fertigzuwerden, sei doch noch etwas gesagt. Gute Architektur kann nur gedeihen, wenn beide zusammenpassen, sich ergänzen. Die Architekten sollen wissen, daß wir Bauingenieure bei allen Bauten die Zusammenarbeit mit ihnen suchen, allerdings unter der Bedingung, daß die Rollenverteilung mit der fachlichen Kompetenz korrespondiert. Ebenso wie wir uns bemühen, kreativ an „ihren" Bauten mitzuarbeiten und nicht nur zu berechnen, was sie entworfen haben, erwarten wir ihre engagierte Auseinandersetzung mit „unseren" Projekten. Auch darf der Begriff „Ingenieurbauten" keine abwertende Bezeichnung sein. Sie müssen sich durch gute Gestaltung so qualifizieren, daß sie nicht abgelehnt, auch nicht nur akzeptiert werden, sondern selbstverständlicher Bestandteil der Kultur sind. Es gibt nur eine Architektur; die Baukunst ist unteilbar!

Natürlich lehnen wir den reinen Funktionalismus (falls es ihn je gab) heute ab, aber ebenso und noch mehr müssen wir den reinen Formalismus ablehnen und die

Übereinstimmung, zumindest die Bestätigung der Form durch die Funktion, finden. In der Postmoderne suchen wir da vergebens, und – ist das nicht merkwürdig? – wir sind so wieder genau da, wo wir vor rund hundert Jahren schon einmal waren: Im Gefolge der industriellen Revolution hatte die Ingenieurwissenschaft einschließlich der Werkstoffkunde und Fertigungstechnik einen Stand erreicht, der es dem Ingenieur erlaubte, nur noch das zu bauen, was er statisch-konstruktiv beherrschte. Er zwang und lenkte die Kräfte durch Stäbe wie durch Röhren und entwickelte Tragwerke, die das bisher Bekannte auf den Kopf stellten. Der Architekt war nur für die Dekoration zuständig. Damals aber verstanden wenigstens die Ingenieure noch, ihr Wissen kreativ zu nutzen und vergruben sich nicht darin. Die wunderschönen Eisenbahnbrücken, Markt-, Ausstellungs- und Bahnhofshallen dieser Zeit waren so nur möglich, weil Entwurf, Berechnung und Konstruktion aus einer Hand kamen. Wäre es denn heute noch denkbar, daß die Kunst vom Ingenieurbau Notiz nähme? Statt dessen wird der Bauingenieur zum Tragwerksplaner reduziert, der mit Sonderwerkstoffen und CAD/CAM schlicht alles kann, so daß selbst der verrücktesten Phantasie keine Grenzen mehr gesetzt sind. Sorgfalt im Detail, Nachdenken und Tüfteln zahlen sich nicht mehr aus, weil die Lohnkosten die Materialkosten ausstechen, so daß gefühllose klobige Bauten billiger sind als liebevoll erdachte. Beginnend mit diesem Jahrhundert drehte sich das Verhältnis um. Die Architektur ließ sich den Zwang der Eisenkonstruktionen nicht mehr gefallen, sie wurden plastischer. Sie verlangten ein frei formbares Material und griffen nach dem gerade erfundenen Stahlbeton. Vor allem durch ihn, aber auch mit den neuen Möglichkeiten des Metallbaus verlangte nun der Architekt vom Ingenieur mehr, als dieser erfüllen konnte. Wie leicht kann beispielsweise der Architekt den Übergang vom Balken zur Platte vollziehen, für den Ingenieur verlangt er den Sprung zur partiellen Differentialgleichung vierter Ordnung! Nach einem etwa zwanzig Jahre dauernden Schock, während dessen die Ingenieure versuchten, sich mit den Werkstoffen an das, was sie kannten, zu klammern und selbst Maillart Fachwerke aus Beton baute, war es gerade er, aber später ebenso Nervi, Torroja, Candela, Tedesko oder Finsterwalder, die die Möglichkeit dieses Materials, die im Flächentragwerk verborgenen plastischen künstlerischen Möglichkeiten, erkannten und sich von seiner Widerspenstigkeit beflügeln ließen. Es war dies auch die große, aber kurze Zeit, in der Form und Konstruktion wirklich zusammengingen, im Umkreis des Bauhauses vor dem Krieg und der Zweiten Chicago School danach. Soll das heute nicht mehr gehen? Sehen wir Ingenieure vor lauter Spezialwissen das Ganze nicht mehr? Oder machen diese unbegrenzten Möglichkeiten, die selbst in einer völlig verpatzten Situation im letzten Moment noch einen Ausweg versprechen, Architekten und Ingenieure ganz einfach bequem und lustlos, weil sie gar gezwungen sind, zusammenzuarbeiten? Ist es wie mit der Aussicht, die nur der wirklich schätzt, der den Berg erstiegen hat?

Da wir mit Überzeugung in einer rationalen, aufgeklärten Zeit leben, sollten Architekten und Ingenieure immer versuchen, Form und Funktion in Übereinstimmung zu bringen und die Form in einem Wechselspiel aus gestalterischen und technischen Überlegungen zu entwickeln. Auch müssen wir darauf bestehen, daß Architekturpreise keine Architektenpreise sind, daß sie also auch an Ingenieure verliehen werden können und daß bei einer gemeinsamen Arbeit Architekten und Ingenieure bedacht werden. Architekten und Ingenieure entwerfen gleich, nur ihre Mittel sind verschieden.

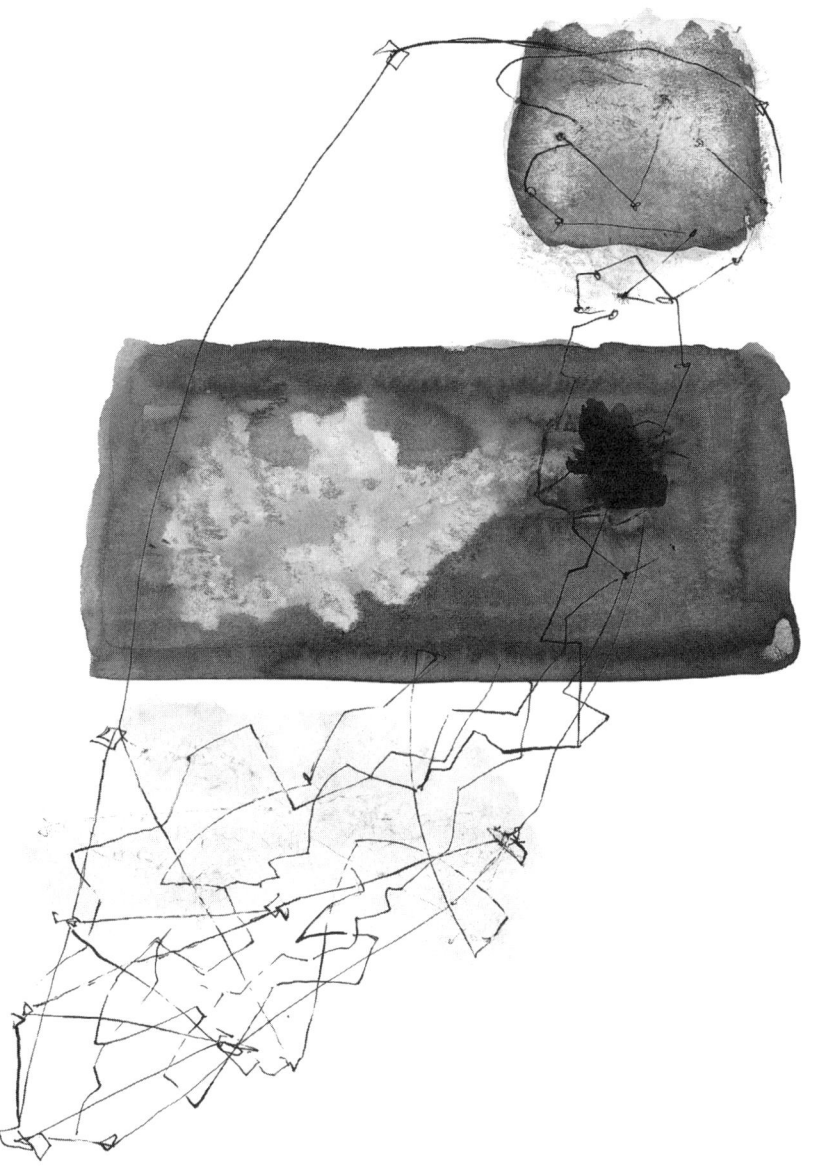

Richard Sapper

Guardinis Vase

Ich werde oft gefragt, wie man Design lehren könne, und meine Antwort ist, daß man es letzten Endes, genau wie jede andere kreative Tätigkeit, überhaupt nicht lehren kann. Das fängt schon damit an, daß man es nicht messen kann. Wie man eine mathematische Gleichung löst oder eine Brücke berechnet, kann man lehren, indem man es vormacht, die Logik, die Hintergründe und den Mechanismus erklärt und hinterher anhand einer Übung feststellt, ob der Schüler die Brücke jetzt richtig berechnet. Wenn er das tut, hat er es gelernt.

Nun versuchen Sie mal, diese Technik beim Malen eines Bildes anzuwenden oder bei der Komposition einer Sonate oder auch bei so etwas Irdischem wie dem Braten einer Ente. Hat der Schüler die Ente jetzt richtig gebraten? Vorausgesetzt, die Ente ist nicht verkohlt, erhebt sich die Frage: War sie gut? Wie gut? 64,5 oder 65 gut?

Sie sehen, wir befinden uns in Gefilden, die der Macht der Zahl entfliehen. Jetzt kann man natürlich sagen, und viele Leute tun das auch, was nicht in Zahlen zu messen ist, sei subjektiv, sei kein wirklicher Wert, sondern Geschmackssache. So einfach ist die Sache aber nicht. Man kann wohl kaum im Ernst behaupten, daß es nichts als eine Frage des persönlichen Geschmackes sei, wenn mir das Parthenon besser gefiele als die Autobahnraststätte Pratteln, und es muß ja vielleicht doch ein Körnchen Wahrheit in der Tatsache verborgen sein, daß das Restaurant Stucchi ein kleines bißchen mehr für sein Menu verlangen kann als ein Mcdonalds.

Ich muß bei solchen Überlegungen immer an eine Hypothese denken, die ich vor Jahren las und die das Alphabet betrifft. Sie besagt, daß der Lauf unserer Geschichte manchmal bestimmt wird von einzelnen Erfindungen: zum Beispiel von der Erfindung des Steigbügels. Auch vor dieser Erfindung saß man zu Pferd, sehr gut sogar, wie die Hunnen uns bewiesen haben, aber mit dem Steigbügel hatte man zum erstenmal sozusagen eine feste Plattform, wie ein Fundament, und darauf konnte man bauen, und den Reiter in eine Eisenrüstung stecken und ihm eine lange und schwere Lanze geben, mit der er seinen Gegner aus sicherer Entfernung aus dem Sattel heben konnte ohne selbst vom Pferd zu fallen: ein früher Tank sozusagen, und damit war der Ritter geboren, und die Hunnen hatten ausgespielt.

Eine ebensolche, aber noch viel wichtigere Erfindung war das Alphabet. Dies war ein Baukasten, mit dem man Wörter auseinandernehmen und wieder zusammenbauen konnte. Das müssen Sie sich mal vorstellen: Mit fünfundzwanzig Bausteinen kann man dasselbe erreichen wie die Chinesen mit dreitausendfünfhundert Kojizeichen, ja noch viel mehr, denn dreitausendfünfhundert Zeichen genügen ja nur, um gerade auf die Universität zu kommen, ein Gelehrter braucht noch viel mehr. Um diesen wunderbaren Baukasten benützen zu können, muß man lernen, jedes Wort zu demontieren.

Auf diese Weise hat die Erfindung des Alphabets die Denkweise der westlichen Welt insofern verändert, als von nun an jeder Begriff, jeder Gedanke zerlegt und dann wieder in der richtigen Reihenfolge zusammengebaut werden mußte, um gelesen und verstanden werden zu können; diese Schule des folgerichtigen und monodimensionalen Denkens hat zwar der westlichen Zivilisation zur Weltherrschaft verholfen, trachtet aber auch in unserer Denkweise alles auszuschalten, was eben nicht mit Buchstaben oder Ziffern eindeutig definiert, addiert und allgemeingültig dargestellt werden kann. Dies erklärt mir, warum ich immer auszureißen trachte, wenn jemand von mir verlangt, ich solle meine Arbeit erklären. Da gibt es nichts zu erklären. Wenn man zeichnet, denkt man nicht in Worten, sondern in dreidimensionalen Vorstellungen, farbigen, beweglichen Vorstellungen, die ich in die Hand nehmen kann und ihre Oberfläche fühlen. Und dies bringt uns zurück zu der gebratenen Ente oder der Kreativität. Hier kann man mit Logik nicht viel anfangen und mit Worten auch nicht. Kunst hat viel mit praktischen Dingen zu tun, und die kann man an einer Schule natürlich sehr schön lernen. Mein Vater, der Maler war, antwortete auf die Frage, was man auf der Kunstakademie lernt: Bleistiftspitzen und Pinselwaschen. Das ist nicht zu unterschätzen, denn ohne das geht es nicht, und ohne all das andere technische Rüstzeug, Computer eingeschlossen, geht es eben zumindest heute auch nicht, und bei weitem nicht alle Absolventen einer Kunstschule können einen Bleistift spitzen, Pinsel waschen, oder im Falle eines Produktdesigners etwa eine technische Zeichnung erstellen.

Ich kann davon selbst ein Lied singen. Als ich nach zwei Jahren in meiner ersten Arbeitsstelle im Stylingbüro von Mercedes feststellte, daß ich trotz der außerordentlich interessanten Arbeit vielleicht doch nicht der richtige Mensch wäre, um in einer Riesenfirma zu arbeiten, darin unter anderem durch die Feststellung meines Chefs bestärkt, der zu mir sagte: Ihre Vorschläge sind außerordentlich interessant, aber solche Autos wird Mercedes natürlich nie bauen. Ich beschloß, mein Glück in Italien zu versuchen und ging nach Mailand, dem Mekka der Designer, um Arbeit zu suchen. Giò Ponti, damals eine

Art Fürst der Mailander Architekten, der gerade das Pirellihochhaus baute, schaute sich meine Arbeiten an, sagte aha und fragte, ob ich die technische Zeichnung für den tiefgezogenen Blechrahmen eines Mopeds machen könnte. Ich hatte zwei Jahre lang Autokarosserien gezeichnet damals natürlich noch ohne Computer – sagte ja und hatte meinen ersten Job in Mailand, beileibe nicht wegen irgendwelcher genialer Ideen, sondern weil ich eine Art technischer Zeichnung machen konnte, die Ponti gerade brauchte, und die andere junge Designer nicht beherrschten. Aber all dieses Handwerk ist nichts als ein Fundament, sagen wir mal ein Steigbügel. Was dazu kommen muß, um uns zu bewegen, in allen Sparten der Kunst, hat etwas mit Metaphysik zu tun, alles technisch logisch praktisch Perfekte bleibt langweilig, wenn die zündende Idee fehlt. Der große mexikanische Architekt Louis Barragán hat das so ausgedrückt: ...wenn es viele technisch gleichwertige Lösungen für ein Problem gibt, dann ist die, die dem Benützer eine Botschaft von Schönheit und Emotion bietet, die ist Architektur. Und der große amerikanische Graphiker Paul Rand: Design macht Poesie aus Prosa.

Poesie besteht aus Ideen. Und wie kommt man zu einer Idee? Indem man sich von der Muse küssen läßt, wie allgemein bekannt ist. Der Beruf des Lehrers eines kreativen Berufes wie dem des Designers konzentriert sich also letzten Endes auf die Vermittlung dieses Liebesdienstes.

Zwei Dinge spielen in der Designausbildung eine große Rolle: das Beispiel des Lehrers und die Qualität der Gemeinschaft, die ihrerseits wieder vom Beispiel des Lehrers beeinflußt wird. Hier stellt sich die Frage: Wozu brauche ich eigentlich gutes Design, es geht doch auch mit schlechtem, sogar mit miserablem, wie wir jeden Tag vielfach feststellen können. Die meisten Designer werden sich diese Frage irgendwann einmal stellen. Ich selbst tat es auch, als ich noch sehr jung war, und ich wußte keine Antwort darauf. Als ich vor über 40 Jahren Philosophie studierte und irgendwann von diesem seltsamen Beruf des Designers hörte, dachte ich mir: Das wäre das Richtige für dich. Aber ich wußte fast nichts von diesem Beruf und war mir sehr unsicher. Ich wollte meinen Professor um Rat fragen. Mein Professor war Romano Guardini, und ich bat ihn um ein Gespräch. Er lud mich zu sich nach Hause ein, und ich erzählte ihm von diesem Beruf des Designers und fragte ihn, ob er das für eine nützliche Beschäftigung hielte. Guardini nahm eine Venini Blumenvase in die Hand, die auf einem Tischchen stand, und sagte:

„Schauen Sie, wie schön diese Vase ist. Jedesmal, wenn ich sie anschaue, gibt sie mir Freude. Natürlich ist das ein nützlicher Beruf. Ob Sie dem Ihr ganzes Leben widmen wollen, müssen Sie selbst wissen."

Eine ziemlich präzise Auskunft, würde ich sagen, und meine Antwort darauf wußte ich, und habe sie seitdem nicht bereut.

Seit diesen vorsintflutlichen Zeiten hat sich die Bedeutung des Designs in der öffentlichen Meinung radikal geändert, und heute haben wir es mit einem Massenphänomen zu tun, einem Modeberuf, einem Riesengeschäft mit vielen Tausenden von Beschäftigten. Diese Entwicklung hat den Charakter des Phänomens Design tiefgreifend verändert. Während früher die Form eines Industrieproduktes oder ein Plakat aus mehr oder weniger ideellen Gründen gestaltet wurde, mit anderen Worten, weil der Hersteller ein persönliches Interesse daran hatte, nicht nur wirkungsvolle, sondern auch eine schöne Werbung zu machen, um dann sozusagen als Belohnung zu hoffen, seine Ware gut zu verkaufen, und solche Hersteller gab es nicht allzu viele, ist heute der erste und einzige Beweggrund oft der Umsatz, und das Phänomen der planned obsolescence, oder des modischen Designs, bei dem heute als Irrtum verurteilt wird, was noch vor zwölf Monaten als unsagbar schön angepriesen wurde, liefert dafür ein vielsagendes Anzeichen.

Die Art von Design aber, die nach objektiven Qualitäten sucht, sowohl einer zeitlos schönen Form als auch praktischen und funktionellen Fortschritten, die darauf zielt, unser Leben besser zu machen, vielleicht nur ein kleines bißchen, die uns vielleicht wie Guardinis Vase etwas Freude machen kann, wenn wir Grund haben, traurig zu sein, oder ein bißchen Spaß, die ist heute noch genauso rar wie eh und je, und ihre Autoren sind es auch.

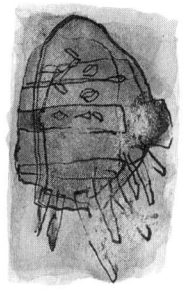

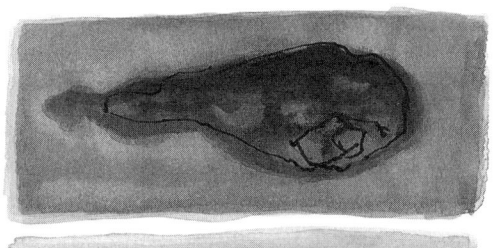

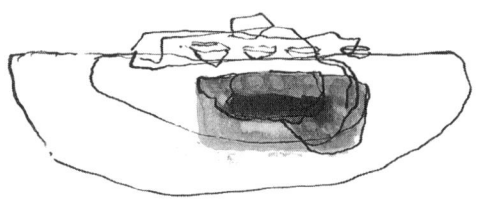

Kurt Weidemann

Partielle (professionelle) Gebrauchsanweisungen für das Leben

„Worte sind gut, aber Hühner legen Eier." Eier sind zeitlos schönes wohlgestaltetes Design.

Darüber hinaus ernähren sie uns, nachdem wir sie – bevor ein Küken herauskommt – gestohlen und ihrer Vorbestimmung entrissen haben. Sollte das Ei würfelförmig genmanipuliert werden mit einer druckfesten Schale, um nicht wegzurollen und besser transportiert werden zu können? Was alles wollen wir eigentlich noch dem rationellen Profitdenken unterwerfen?

Design bestimmt und inspiriert unser Bewußtsein, nimmt unserem Alltag das Alltägliche, ist als Darstellungsdrang so alt wie das Menschengedenken. Es vermeidet die tretmühlenhafte Routine, bewältigt geistige Unfreiheiten, macht aus der Einfachheit eine Tugend, aus Besitz eine Haltung.

So weit, so gut. Und so gut wie bekannt. Aber wie geht es weiter? Was kommt auf uns zu? In einer vergreisten Gesellschaft mit dermaleinst anderthalb Jahrhunderten Lebenserwartung, wo auf der Klaviatur der sechzigtausend menschlichen Gene geschickt die schädlichen Einflüsse von Migräne, Herz- und Kreislaufschwächen, Magen- und Darmtraktinsuffizienzen ausgetauscht werden, ist nicht nur die Erwartung, sondern auch die Lebensvorstellung mit neuen Qualitäten zu besetzen. Es wird auch keine Fettsäcke, Glatzenträger, schiefe Zähne und Mundgeruch mehr geben.

Designer sollten besser diese hohe Lebenserwartung nicht anstreben, denn Kreativität, Lebensfrische, Witz und Spontaneität werden sich mit der biologischen Lebenserwartung nicht verlängern lassen. Das Berufsbild ist in einer rasanten Umbruchsphase. Die Designosaurier der Nachkriegsjahre haben das Bewußtsein für eine gestaltete Lebenswelt vorbereitet. Die nachfolgenden Generationen müssen es realisieren. In allen Bereichen der Lebens- und Arbeitswelt.

Wenn etwa das Büro in seiner bisherigen Funktion auf ein Fünftel geschrumpft ist, müssen die neuen Entwürfe dafür in ihren Denkleistungen schneller und rigoroser erbracht werden. Der Stuhl-Gang dafür findet nicht mehr im Show-Room, sondern von der Erstinformation bis zum Kauf über e-commerce im Internet statt. Dem Design sind dabei gute Chancen geboten, wenn es sich in diesen Denkprozeß einschaltet oder besser: ihn auslöst.

Eine Menge vagabundierendes Großkapital – auf der Schokoladenseite dieser Welt – sucht nach Anlage und Gewinn. Wer daran teilhaben will, muß nicht nur bei der Sache sein, sondern vorne bei der Sache sein. Das Denken dafür muß dem Menschen von Nutzen sein. Nicht als Selbstverwirklichung, sondern als Dienstleistung.

Michele De Lucchi

... der Welt zu lehren, Häßliches von Schönem zu unterscheiden

Ich habe immer gedacht, daß Design viele Bedeutungen hat: Business, Zeichnung, Kreativität, Philosophie, Technik, Ehrlichkeit, Diskussion, Form, Geist, Kunst, Experiment, Ausdruckskraft, Sprache, Technologie, Sinnlichkeit, Glück, Optimismus, Kultur, Schönheit, Gegenwärtigkeit ..., aber vor allem habe ich immer gedacht, daß Design Erziehung ist.

Es ist sehr wichtig, Studenten diesen Beruf – in seiner Geschichte so jung und in seiner Tradition so alt – nahezubringen.

Ich glaube, Design zu lehren, bedeutet vor allem, beim Gestalten von Industrieprodukten Intention und Kontrolle zu lehren – für die Produktion, für den Markt, für den Gebrauch und auch für das, was nach dem Gebrauch kommt. Die Designer wissen, wie schwer das ist, vor allem, weil wir in einer Welt leben, in der sich alles ständig verändert und die einzige Sicherheit die ist, daß zum Überleben auch weiterhin sich alles ändern muß. Und auch die Industrie weiß, wie schwierig das ist – nicht nur, weil sie sich ständig mit neuen Produkten auf dem Markt zu behaupten hat.

Aber es gibt noch eine andere Erziehung, die sich nicht allein auf die Studenten bezieht, sondern auf alle Menschen, und das ist die Erziehung, die von guten Designprodukten ausgeht.

Ich glaube, ein großes Privileg der heutigen Zeit ist die Freiheit der Wahl. Noch nie ist der Mensch in seinen Wahlmöglichkeiten so frei gewesen wie heute, noch nie hatte er so viele Möglichkeiten, sich Produkte und Lebensformen auszuwählen wie in Zeiten der industriellen Zivilisation. Das Problem ist, daß nichts und niemand uns heute das Auswählen lehrt, und ich glaube, es ist Aufgabe des Designs, die Welt zu lehren, Gutes von Bösem, Häßliches von Schönem zu unterscheiden.

Michele De Lucchi

Karl Höing

Textildesign ist anders

Anders jedenfalls als landläufige Meinung oder Einschätzung es widerspiegelt, besonders, wenn man von den Bildern und Vorstellungen ausgeht, die viele Interessenten für dieses Studium und die Tätigkeit haben.

Wieso kennt man bei Textilien in den seltensten Fällen die Entwerfer, während in der Mode oder auch bei anderen Design- oder Konsumgütern der Urheber-Name wichtiger Teil der Vermarktungsstrategie und als Label eingeprägt, -gestickt oder -genäht ist?

Selbst wenn das Produkt tröpfelt oder andere Mängel aufweist – Hauptsache der Stammbaum stimmt!

Couturiers und Modemacher sind im Gegensatz zu Textilentwerfern geradezu phänomenal berühmt, wie Modenschauen in Life-style-Magazinen und zu besten Einschaltzeiten zeigen. Erst in letzter Zeit erfährt Textildesign eine angemessene journalistische Würdigung, auch über die Fachpresse hinaus.

Dabei bestimmen Textilien in hohem Maße über die Wirkung der Menschen selbst – mehr durch das textile Material der Kleidung als durch Accessoires und Schnitt – wie auch der Umgebung, in der man mit ihnen lebt: vom Waschlappen bis zum Millenniums-Teppich, im privaten wie im öffentlichen Raum, drinnen und draußen. Basis für die Tätigkeit der Entwerfer sind Kenntnisse über Fasern und Garne sowie deren Färbung, Herstellungstechniken von Filzen und Fliesen, Geweben und

Gewirken, Gestricken und Gerascheltem, bis hin zu den Veredelungstechniken (nichtgewebebildende Techniken) wie Stoffdruckerei und Fixierprozesse, die Plissees, Crashes und andere Optiken erzeugen. Dahinter steht als Haltung sowohl profunde Kenntnis der Textilgeschichte als auch Gespür für Trends und Zeitgeist, aber auch Distanz dazu. Dieses Metier bietet wenig Raum für Spektakel, sondern erfordert Mut zum Unspektakulären, Sinnlichkeit, haptisches Gespür, gepaart mit sehr viel Realitätssinn.

Also: In der Regel wird erst der Stoff hergestellt und dann wird er konfektioniert. Das bedeutet gleichzeitig, daß Textildesigner nur in den seltensten Fällen an einem eigentlichen Endprodukt arbeiten: Wo es um die Gestaltung eines Einzelstückes geht, können sie von der Idee bis zum fertigen, meist handwerklich realisierten Unikat den Arbeitsprozeß und somit das Produkt selbst bestimmen.

Ansonsten ist die gestalterische Tätigkeit Bestandteil eines langen, komplexen Prozesses: Dessen Ergebnisse werden von Modemachern, Konfektionären und Innenarchitekten, aber auch von Schneidern, Polsterern, Autobauern und Flugzeugeinrichtern weiter be- und verarbeitet. Technische Textilien werden mittlerweile auch in der Architektur und in der Landwirtschaft, in der Medizin, im Weltraum und in nahezu allen anderen Lebensbereichen eingesetzt.

Sind es die Auseinandersetzung mit einer „textilen Mikrostruktur" und die gesteigerte Aufmerksamkeit für textile Qualitäten, die das Textildesign von anderen Design-Disziplinen unterscheidet? Vielleicht hilft die Klärung der Begriffe „Sinn und Sinnlichkeit" weiter.

Seit einiger Zeit ist davon oft im Zusammenhang mit Design und Mode, Trend und Zeitgeist die Rede. Zeitgleich hatte der Film „Sense and Sensibility" (Sinn und

Sinnlichkeit), der auf dem gleichnamigen Roman der englischen Schriftstellerin Jane Austen basiert, beachtlichen Erfolg. Was eine wort-wörtliche Übersetzung aus dem Englischen zu sein scheint, divergiert jedoch beachtlich im Sinn!

„Sense" – in der Bedeutung von Sinn, Verstand, Zweck, Wille und Absicht, aber auch von Empfindung und Gefühl, dem inneren Wesen eines Menschen – beinhaltet wie das deutsche Wort „Sinn" zwei extreme Bedeutungspole: das Rational-Objektive und das Gefühlsmäßig-Subjektive.

Dietmar Kamper, Professor für Soziologie und Ästhetik an der Freien Universität Berlin, münzte 1997 im Rahmen des Symposiums „Der Sinn der Sinne" diesen scheinbaren Kontrast um in die Frage „Entweder der Sinn oder die Sinne?" Wenn auch mehrdeutig – bis hierhin ist die Übersetzung des Titels aus dem Englischen noch schlüssig!

„Sensibility" bezeichnet das Empfindungsvermögen, aber auch die Empfindlichkeit. „Sinnlichkeit" – wohl eher mit „sensuality" zu übersetzen – hat sich in seiner sprachlichen Bedeutung (1) zunächst als Bezeichnung für Verstand, Verständigkeit und Klugheit entwickelt. Parallel dazu bezeichnet es aber auch seinen Gegensatz – die Fähigkeit zur sinnlichen Wahrnehmung, d. h. die Wahrnehmung von Umwelteindrücken. Seit einiger Zeit wird der Begriff „Sinnlichkeit" bis zur Verwischung eines eindeutigen Inhaltes quasi trendmäßig inflationär benutzt: ob in der Mode, in der Architektur, in der Werbung, der Fotografie etc. … Die Interpretationen des Wortpaares „Sinn und Sinnlichlichkeit" gehen von einer neuen Lauschigkeit, gestylter und emotionaler Gemütlichkeit bis hin zur Konzentration auf Wesentliches, dem berühmten Sullivan-Zitat „Weniger ist mehr". Robert Dessaix läßt in seinem Roman „Briefe aus der Nacht" (2) seine Hauptfigur in einem Brief folgendes schreiben: „Sinnlichkeit in unserer Kultur heißt Riechen und körperlich Fühlen, und der Geschmack kommt erst auf einer höheren Stufe der Scala. Sehen und Hören sind nicht 'sinnlich' – ist dir das je aufgefallen?"

Zur Wahrnehmung der Umwelteindrücke dienen die Sinnesorgane, die den einzelnen Sinnen zugeordnet sind: dem Sehen, Hören, Riechen, Schmecken, Tasten und Fühlen sowie dem Gleichgewichtssinn als dem sechsten. Der Intuition kommt die Bezeichnung „der 7. Sinn" zu! Das Duden-Lexikon schreibt dazu: „Jedes Sinnesorgan reagiert bei normaler Reizstärke nur auf die ihm entsprechenden (adäquaten) Reize, bei sehr starken fremdartigen (inadäquaten) Reizen antwortet es mit den ihm eigenen Sinnesempfindungen, z. B. Faustschlag aufs Auge ergibt Lichtempfindung." (3)

Diesem anschaulichen Beispiel nicht unähnlich schwappt die Umwelt in Form optischer und akustischer Reizüberflutungen über uns. In einer Zeit, in der Informations-Vielfalt und Medienstreß identisch sind, führt die Dauer-Anspannung und Überforderung der Sinne im öffentlichen und beruflichen Leben zu einem Rückzug in Privatsphäre und Natur, in Bereiche persönlichen Wohlbefindens.

Die politische und ökonomische Realität wird als eng, kalt, anonym und bedrohlich wahrgenommen. Dieser rauhen, technisch beherrschten Außenwelt wird im privaten wie öffentlichen Leben eine künstlich geschaffene Innen-Umwelt entgegengesetzt, die genau das Gegenteil dieser negativen Befindlichkeiten auszudrücken und zu vermitteln versucht: Luxus, Wärme, Authentizität und Geborgenheit. Die Trendformel Cocooning war lange Zeit Synonym für den Rückzug ins Private. Der Wunsch nach Individualität, Nähe, Qualität äußert sich in Form von Dingen, die von Hand gefertigt sind, Gebrauchsspuren haben und somit Geschichte, Individualität sowie Tradition und Wert vermitteln und Identifikation erlauben. Man findet sie nicht nur in der privaten Welt, sie werden mittlerweile auch in öffentlichen Räumen wie Restaurants, Clubs etc. vermehrt als Stilmittel eingesetzt. Bezeichnenderweise nimmt die Produktion industriell hergestellter Möbel für den Wohnbereich ab, und seit einigen Jahren finden Textilien, die von Hand hergestellt und bemustert werden, zunehmendes Interesse. Als neu und spannend wird bei Textilien die Qualität angesehen, die den Eindruck von gebraucht-sein zu vermitteln ohne abgenutzt auszusehen oder gar zu sein.

Zurück zu den Sinnen: Betrachtet man die klassischen fünf Sinne auf ihre Erfahrbarkeit im Textilen, so unterscheidet man zwei Gruppen: Sehen und Tasten haben unmittelbar mit Wahrnehmung und stofflicher Erfahrbarkeit zu tun. Hören, Riechen und Schmecken erhalten eher im Bildlichen oder in textilen Randbereichen Bedeutung:

Das Rascheln von Seidenstoffen steht als Synonym für Reichtum und Luxus.

Französischen Couturies ist es gelungen, die Duftstoffe ihrer berühmten Parfüms so in Accessoires und Wäsche einzulagern, daß diese noch nach mehrmaliger Reinigung duften.

Von Versuchen, eßbare Kleidung mit anregenden Aromen zu erfinden, abgesehen, ist der kulinarische Aspekt von Textil quasi inexistent. Allerdings eröffnet der Begriff „Geschmack" – verstanden als die Fähigkeit, ein ästhetisches Urteil zu fällen – ein weites Feld spekulativer Annäherungsversuche an Qualität und Güte – ein weiteres, weites Thema!

Im Katalog zur Ausstellung „Stoffe zwischen zwei Welten" von Jürgen Lehl, die 1998 im Museum für angewandte Kunst in Köln gezeigt wurde, fragt der Autor

Walter Brix „Ist es die hohe Geschwindigkeit, mit der wir in die Zukunft gerissen werden, die uns so an der Vergangenheit hängen läßt?"

Viele Kunstepochen und das Kunsthandwerk ethnischer Gruppen der ganzen Welt wurden und werden als Muster auf Einrichtungen, Möbel sowie Textilien appliziert, als ob man ihren kulturellen Sinn und Wert sowie ihren geschichtlichen Hintergrund damit auf diese Objekte bannen könnte. Wenn die Herstellung von Textilien sich auf die Kopie von Motiven und Mustern beschränkt, ohne deren materielle und technische Eigenschaften und Herkünfte zu berücksichtigen, degradiert sie sich zu einer reinen Dekoriersklaverei oder Oberflächenbehübschung. Damit wird sie zum Trend und gibt sich einem extrem schnellen optischen Verschleiß preis.

Da man als überwiegend optisch orientierter Mensch allen anderen sinnlichen Wahrnehmungsmöglichkeiten mißtraut, bleibt eine erweiterte sinnliche Erfahrbarkeit von Textilien weitestgehend unberücksichtigt.

Der Orientteppich als handwerkliches Massenprodukt mit Motiven und Symbolen überfrachtet, die wir nicht verstehen, wird wie der „Designer-Teppich" selten über das Niveau eines auf den Boden gelegten Bildes oder grafischen Entwurfes hinauswachsen. Ein einfarbiger Teppich kann im Gegensatz dazu mehr über das Material sowie seine spezifischen textilen Qualitäten – Glanz, Struktur, Volumen und Weichheit – aussagen und ermöglicht somit sinnliches Wahrnehmen.

Will man die Sinne ansprechen – Emotionen wecken – muß man das Interesse eines Menschen wecken. Das beste Beispiel dafür ist die Werbung und ihre Art zu inszenieren. Die Wahrnehmungsorgane anzusprechen, ohne sie zu über- oder unterfordern, hieße ins Textile übersetzt, Stoffe zu gestalten, die sich von der Masse abheben, neugierig machen, verführen, Emotionen wecken, quasi eine Einladung aussprechen, berührt zu werden. Auf eine textile Ebene übertragen heißt das, eine sinnlich erfahrbare, aber auch sinnhaft nachvollziehbare textile Erfindung zu machen, bei der kreative Idee, Umsetzung in Farbe, Material, Technik, Struktur, aber auch Griff, optische und haptische Anmutung eine Einheit bilden. Die Wirkung eines Textils ergibt sich aus dem Zusammenspiel der farbigen Materialien in ihrer technischen Verarbeitung, das textile „Bild" setzt sich aus unterschiedlichen Struktur-, Material- und Farbebenen zusammen.

Bedingen Material und Technik eines Stoffes eher die „Sinn-Funktion", so stehen Farbigkeit, Musterung und Struktur als überwiegend ästhetische Faktoren für Sinnlichkeit. Das Material bestimmt somit sowohl eine sinnvolle wie auch sinnliche Funktion. Die rasanten technischen Entwicklungen in der Textiltechnik zielten in den vergangenen Jahren auf immer schnellere Produktions- und Vertriebsmöglichkeiten ab – neue Ausdrucksformen und Motive können problemlos mittels Druck und Ausrüstung auf Stoffe appliziert werden und sind daher für die Konstruktion des Textils selbst nicht mehr bestimmend. Musterungen entwickeln sich immer seltener mit und aus dem Material und der Technik, sondern werden diesen quasi übergestülpt.

Anders verhält es sich bei den von einem „Funktionssinn" geprägten technischen Textilien: meist bar jeglicher gewollter oder beabsichtigter Sinnlichkeit im üblichen Sinne, zeichnet diese modernsten Textilien die Kombination unterschiedlichster Fähigkeiten aus, die erst in jüngster Zeit durch Fortschritt in Wissenschaft und Technik so kombiniert werden können, daß zum Beispiel ein sehr leichtes Dammbefestigungs-Gewebe auch verrottungsresistent und extrem reißfest sein kann. Derzeit regen Technische Textilien die Mode besonders stark an – und zwar dort, wo eine anders – und neuartige Sinnlichkeit angesprochen, Neugierde geweckt werden soll.

Besteht ein Textil in der Regel aus elastischem, farbigem Material in einer entsprechenden technischen Verarbeitung, so daß es in konfektionierter Form bestimmte Funktionen übernehmen kann, so reicht im immer stärker wachsenden technischen Bereich der Einsatz von Textilien vom Filter, Teesieb oder Feuerwehrschlauch über hitze- und kältebeständige Weltraum-, Überlebens- und Sportbekleidung oder implantierbare Stützgewebe in der Medizin bis hin zu Fluß- und Dammbefestigungsvliesen oder lichtregulierbaren Zeltplanen für Sportstadien – um nur wenige Beispiele zu nennen. Die steigende Entwicklung dieser „intelligenten" Textilien ist bisher Domäne der Textiltechniker, bietet jedoch auch viele Möglichkeiten für Textilgestalter/innen.

„Sinnlichkeit erträgt keinen Ersatz", sinniert Blasius Blauvogel durch die Feder von Benedikt Loderer im Jubiläumsheft der „Hochparterre 11/98" über die Felsentherme von Peter Zumthor in Vals in der Schweiz. Blauvogel berichtet, daß er von einem Studierenden der ETH Zürich zum ersten Mal von Sinnlichkeit im Zusammenhang mit Architektur hörte: „Für sinnlich habe er Architektur nie gehalten, wenn schon, dann eher für konsequent, sauber, durchdacht, akzentuiert, dominant, konstruktiv, innovativ, funktional, intelligent oder gar materialgerecht. Aber sinnlich?" Peter Zumthor, dessen Felsentherme 1997 zum besten Bau der Schweiz gekürt wurde, sagt: „Selbst wenn die heutige Architektur an der Oberfläche der Gebäude, sprich Haut, interessiert ist, so spüren wir dabei auch eine Sinnlichkeit. Architektur ist immer sinnlich, es gibt aber auch unsinnliche Architektur, und die ist schlimmer als unsinnige. Vermutlich ist es eben keine Architektur mehr." *(4)*

Verhält es sich bei Textilien gleich oder zumindest ähnlich?

Karl Lagerfeld sagt in der Werbung für den Brockhaus: „Geschmack ist auch eine Frage des Wissens!" Über alles Sinnliche hinaus ist das Wissen um die Hintergründe – die kunst- und historischen, aber auch die Geschichte der Textilien selbst und der textilen Techniken – sowie die Kenntnis der zeitgemäßen Möglichkeiten ihrer Weiterentwicklung die Voraussetzung für eine anspruchsvolle entwerferische Tätigkeit auf hohem Niveau. Wo dieser Sinn einhergeht mit einer gesteigerten Sensibilität für die bereits beschriebenen unterschiedlichen Aspekte von Textilien, besonders die Fähigkeit zu geistigen Seitensprüngen und intuitiven Grenzüberschreitungen, kann etwas Sinnvolles und zutiefst Sinnliches entstehen.

Ist es das, was Textildesign anders sein läßt?

1. *Lexikon der deutschen Sprache, Gebr. Grimm*
2. *Fischer Verlag, Frankfurt, 1996*
3. *Duden-Lexikon, Mannheim, 1962*
4. *Die Besten '97, Beilage zur „Hochparterre 12/97"*

Karl Höing

80 · 81

Lesebuch für Designer
82 · 83

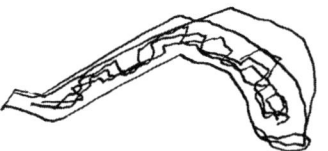

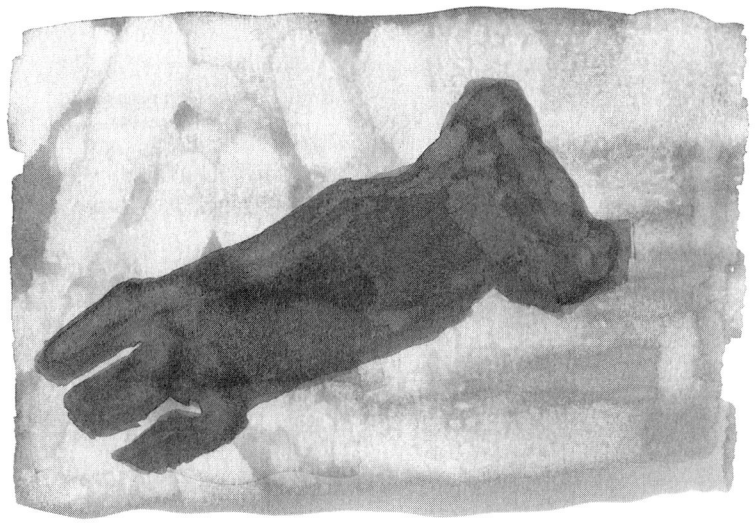

Fritz Seitz

Über Design, Gestalten und Gestalter
Ein Exkurs ins Sprachliche

Vor genau dreißig Jahren – ich war dabei – befanden die „organisierten" Gebrauchsgrafiker des westlichen Deutschland, daß es an der Zeit sei, sich eine andere Berufsbezeichnung zuzulegen. Seither nennen sie sich Grafik-Designer. Ich wurde aufgefordert, mein Berufsbild dementsprechend neu zu fassen, was sich aber sogleich als unnötig erwies, da der bisherige Text bleiben konnte, wie er war. Nur die alte Wortverbindung Gebrauchs-Grafik wurde eben durch Grafik-Design ersetzt.

Eine neue Bezeichnung, einer anderen Sprache entnommen – hier als Symptom von Identitätsproblemen, dort als Ausdruck von Imponiergehabe. Es ist ein vertrauter Vorgang nach altdeutscher Sitte. Man weiß das, übergeht es aber: Bis ins siebzehnte Jahrhundert hatte man fürs Gehobene Latein zur Hand, bis Ende des neunzehnten Jahrhunderts war es das Französische, und seither ist es eben das Englische, vorzugsweise mit dem US-amerikanischen Drive. Dabei wird das „Fremdsprachliche" freilich nicht mehr nur für das Feinere und Gehobene in Gebrauch genommen, sondern wird längst auch in der Trivialsphäre mit Schwung vernutzt.

Nun weiß ich nicht genau zu sagen, ob vor dreißig Jahren zuerst die Formgeber gehandelt haben oder die Grafiker. Jedenfalls führen die Entwerfer industrieller Produkte ungefähr seit ebenso langer Zeit wie die Entwerfer der Mitteilungen, die vor allem über das Sehen erfaßt werden, die Worte Design und Designer in ihren Berufsbezeichnungen. Doch diese sprachliche Überfremdung, die seinerzeit durchaus als verpflichtender Anspruch gemeint war, wird inzwischen längst auch für Geschäftigkeiten genutzt, an die einst bei der Einführung der Bezeichnung Design gewiß nicht gedacht worden war.

So gerieten vor einiger Zeit Designer, die auf sich halten und besonderen Respekt verdienen, während einer chicen, öffentlichen Diskussion in beträchtliche Verlegenheit, als sie genau erläutern sollten, was das sei: Design. Sie verständigten sich auf den Ausweg, daß sie sich eigentlich als Gestalter verstünden und für ihre Arbeit das Wort Design lieber meiden würden. Kein Wunder, denn die Bedeutung dieses Wortes ist inzwischen dermaßen ausgeweitet und neu besetzt worden, daß mit der Bezeichnung heute nicht mehr viel Staat zu machen ist.

Hierzu nur ein Beispiel, bei dem es mir nicht darum geht, die unsägliche Plattitüde zu geißeln, sondern allein aufzuzeigen, in welche Niederungen wir heute mit dem Wort Design gelenkt werden: Mir den Rücken zukehrend, sitzt vor mir in einem Raum, den man einst nur in Fest- und Feiertagskleidung zu betreten wagte, ein wohlgenährter Mittvierziger. Er trägt eine jener sportlich gemeinten, dick wattierten Freizeitjacken, deren Rückseite in voller Breite ein dick aufgetragenes Emblem ziert: ein fetter Kreis, den horizontal eine spitzwinklige Raute durchstößt. Im Kreis lese ich in wuchtiger Betonschrift „Research in Design", dazu quer durch die Raute: „The contemporary Look". Klar: Auf einen sittenstrengen Entwerfer etwa der einstigen Ulmer Güteklasse muß dies wie eine niederträchtige Verhöhnung seines elitären Designbegriffs wirken. Wer als Entwerfer heutzutage auch verbal auf sich hält, sieht sich daher dringend veranlaßt, an eine andere, notfalls auch deutschsprachige Bezeichnung zu denken. Das ist ja prompt auch in der vorhin erwähnten Veranstaltung geschehen, bei der die befragten Entwerfer wissen ließen, daß ja auch an der vormals geschätzten Ulmer Hochschule für Gestaltung – wie der Name besagt – die Bezeichnung Gestalter hoch im Kurs war.

Doch aufgepaßt! Im Reich des Semantischen herrscht schon seit geraumer Zeit ungehemmte Inflation. Beispiel: das Wort Gestaltung. Ich kann mich gut an den Absturz ins Phrasenhafte erinnern, sobald saturiertes Geschwätz aus Politikermunde, in der Endphase von Festreden schlußflüchtig auf das pralle Wort Gestaltung verfiel und dabei der Redner, den Blick starr aufs Manuskript gebannt, mit weitausholender Geste machtvoll ins Leere griff.

Dabei ist Gestaltung heute ein Rätselwort so wie in jenen Tagen, als Goethe, über die Zeitläufte klagend, an seinen Briefpartner schrieb: „Kein Mensch will begreifen, daß die höchste und einzige Operation der Natur und Kunst die Gestaltung sei und in der Gestalt die Spezifikation, damit jedes ein besonderes Bedeutendes werde, sei und bleibe."

Nun haben uns Psychologen in der ersten Hälfte dieses Jahrhunderts immerhin einige Lichter zur Gestalt-Wahrnehmung stecken können. Danach kann sich vieles, was Entwerfer industrieller Produkte zuwegebrachten, durchaus dem Anspruch auf „gute Gestalt" stellen. Das ist viel und hat ein Recht auf Anerkennung.

Doch schon der Begriff Integration, der bei der Gestaltfindung auf ein spezifisches Durcharbeiten der Binnengliederungen verweist und vermutlich dasselbe meint wie Goethes „Spezifikation in der Gestalt", lenkt uns auf eine Schwierigkeit. Die Wahrnehmung von Gestalten ermöglicht ja schon deren relative Geschlossenheit und Vereinzelung ihrem jeweiligen Umfeld gegenüber, während das Zueinander und Ineinander der Teilbildungen im Sinn ihres ersichtlichen, funktionellen Zusammenhangs unumgängliche Voraussetzung dafür ist, daß wir nicht nur hinsichtlich der Um-Form, sondern auch im Blick auf die In-Form, auf die Binnengliederung des Gebildes von guter Gestalt sprechen können. Und noch eine Schwierigkeit: Die Absonderung der Umform gegen (!) ihr Umfeld ist zwar die erste Voraussetzung dafür, daß eine Gestalt überhaupt wahrnehmbar wird, doch wird dabei das Gebilde mehr oder weniger nur „für sich" erfaßt. Überspitzt gesagt, rückt die Fixierung auf eine isoliert wahrgenommene Gestalt das Umfeld unwillkürlich aus der Beachtung. Von hier ist es dann gar nicht so weit bis zum Verlust von der Rücksicht, ja von der Verantwortung für die Beziehung zwischen der Gestalt und ihrer Umgebung.

Hier könnte eine der Erklärungen liegen für ein erstaunliches Verhalten und Handeln selbst großer Architekten. Allein in Europa kann der Bildungsreisende tausendfach auf vielgerühmte Baudenkmäler stoßen, die zusammengestückte Komplexe aus Baulichkeiten unterschiedlicher Stilepochen sind, wobei man noch froh sein muß, wenn bei der zeitlichen Aufeinanderfolge der Bauten hie und da wenigstens auf lineare Fortsetzungsverläufe zwischen den Gliederungen geachtet wurde. Kurz: Da sind im einzelnen oft eindrucksvolle Baugestalten, die aber in der Abfolge der Bauvorhaben derart aneinander gerieten, daß schließlich von einer Gestaltganzheit des Komplexes nicht die Rede sein kann. Die Gebäude mögen, jedes für sich betrachet, großartige Gestalten bilden, doch ist es dann so, wie wenn in einem Zoo, nur durch eine Glasscheibe voneinander getrennt, Nashorn und Eisbär dicht beieinander lagern würden.

Man bemerkt: Der Begriff Gestaltung kann in vielen dieser Fälle durchaus für einzelne Baugestalten gelten. Er verliert aber jede Berechtigung, wenn er für Komplexbildungen bemüht wird, die in der „Spezifikation" der Teile, im Binnengefüge des Eindrucksganzen keine Integration aufweisen. Ja, es wäre sogar aussichtslos, einen vielteiligen Komplex aus Gebilden verschiedenartiger Zweckbestimmung schaffen zu wollen, der nach seiner Umform wie nach seiner Binnengliederung tatsächlich eine Super-Gestalt bilden würde.

Wird demnach der Begriff Gestaltung zur leeren Worthülse, wenn er für die Erscheinung solcher Komplexe dennoch herangezogen wird?

Wie man bemerkt, haben wir uns bereits bei flüchtiger Annäherung an den Inhalt von Begriffen wie Gestalt, Gestalter und Gestaltung erhebliche Schwierigkeiten eingehandelt. So wird verständlich, daß auch durchaus intelligente Leute häufig dazu neigen, begrifflichen Präzisierungen, zu denen sie sehr wohl in der Lage wären, schlicht aus dem Weg zu gehen. Freilich bleibt auf diese Weise die Frage offen, ob die Bemühung um stichhaltige Bezeichnungen, ob „die Anstrengung des Begriffs", wie es bei Hegel heißt, vernachlässigt bleiben kann, oder ob gerade dies zu heilsamen Einsichten führen würde. In dieser Lage drängt sich mir ein Verdacht auf: daß solche Indifferenz genauen Bezeichnungen und klaren Begriffen gegenüber Anzeichen des Niedergangs in einem Metier sind. Daher kann ich mich solchen bequemen Praktiken nicht anschließen und deshalb noch den folgenden Anhang zu meinem Exkurs.

Ich erinnere mich lebhaft eines Disputs darüber, wie grundlegende Fachstudien in den bildnerischen Bereichen anzugehen und einzuleiten seien. Mein damaliger Gesprächspartner: „Wir sind uns doch wohl einig, daß am Anfang Kreis, Dreieck und Quadrat (bzw. Kugel, Kegel und Würfel) stehen." Wir waren uns nicht einig. Das Gespräch ist lange her. Doch viel später hörte ich aus dem Mund eines Professors der Architektur, daß Ur- oder

Grundform aller Baukörper der Kubus sei. Und das ist noch gar nicht so lange her.

Nun haben diese hier so vehement ins Feld geführten Figuren und Körper einen äußerst simplen Aufbau. Zudem sind sie leicht konstruierbar, und obendrein haben sie einen höchst exemplarischen Formcharakter. So konnte es zu der Meinung kommen, daß mit ihnen schlichtweg der Elementarbereich des Bildnerischen gegeben sei. Dabei bewegen wir uns hier doch ausschließlich im Repertoirebereich der Formen und Figuren und allein in der Anschauungsweise des Räumlichen! Kommt noch hinzu, daß Kugel, Kegel und Würfel zwar „reine" Gestalten bilden, dabei aber zugleich eine denkbar niedrige „Gestalthöhe" aufweisen.

Es besteht also kein Anlaß, die Bedeutung dieser Figuren zu verabsolutieren und sie als Grundbausteine des Bildnerischen hinzustellen, die nicht weiter zu hinterfragen seien. Vielmehr gerät, wer Gestalten zu Elementen erklärt, die alles bildnerische Hervorbringen begründen, unweigerlich in die Sackgasse jener vorgefertigten Gewißheiten, die wir Formalismus und Akademismus nennen.

Über die Behauptungen, Setzungen und Dogmen hinweg, die der Gestaltbegriff fundieren soll, gibt es andere „Gesichtspunkte", die uns mehr und mehr ins Auge fallen. Der Gestaltbildung, ihrem Zweck, vereinzelten Gebilden nach innen wie nach außen Zusammenhang, Einheit und Überschaubarkeit zu geben, stehen andere Weisen der Zuordnung gegenüber, die nicht weniger Orientierung, Durchblick – mit einem Wort: Ordnung stiften und deren Wahrnehmung zumindest ebenso nötig geworden ist wie das Hervorbringen vereinzelter Gestalten. Vorgänge und Merkmale wie Verknüpfung, Knoten, Überschneidung und mit ihnen Netz, Gitter, Modulation, damit einhergehend Begriffe wie Struktur,

Gefüge und vor allem Systemzusammenhang sind nun angesagt. Neben den Gestaltkriterien werden damit Ordnungsfaktoren wie Konstante und Variable bewußt, mit ihnen das Wechselverhältnis zwischen gewohnheitsbedingter Erwartung (Wiederholung, Redundanz) und Freiheitsgraden und so auch der Spielraum zwischen gleichen, ähnlichen und unregelmäßigen Wiederholungen bis hin zu den antiregulären Abfolgen.

Aller Anschein spricht dafür, daß „Designer" im Fortgang der technischen Zivilisation mit diesen Prozessen, Aspekten und Begriffen zumindest ebensoviel zu tun haben werden wie mit all dem, was – im wohlbedachten Sinn – die Worte Gestalt, Gestalten und Gestaltung sagen.

Lesebuch für Designer

92 · 93

The Future of Design

Questions about the future are on everyone's mind as we enter the countdown to the millenium. And concern for the future of design is no exception. After all, the world is filled with designers who are trying to imagine what their practice will be like in years to come as they and the rest of humanity move ever more swiftly along a trajectory of dizzying technical innovation and social change. But the question of design's future cannot be asked without first framing it in relation to a model of the world. Whichever model we choose provides the ground for envisioning how we might live and consequently how we might design. Historically, the dissemination of world models, or we can use Heidegger's term weltbild, originated with those who held economic and political power. The narrative of a world transformed from agriculture to industry is generally accepted as the universal paradigm of change along with a further evolution into the current 'electronic age' or 'Age of Information'. This is the weltbild that dominates much current thinking and generally fuels speculations about the future of design. According to this image, design will become more and more of a high-tech practice with product designers creating everything from miniature wearable computers to complex home multimedia centers, automobile navigation systems, and products for smart houses. The seeds for this future have already been sown and manufacturers are scrambling to prepare themselves for a rich harvest. However, in my estimation, this model or weltbild, is a flawed one. It only accounts for a very small segment of the world's population and does not recognize the dangers of creating such a wide gap between those who are well-off and have access to the most advanced technology and those who are poor and can't keep up. For this model to work, all possibilities of technology's negative social and psychological effects have to be stuffed in the closet, there to remain for generations far in the future to discover. I prefer instead to use a different model that brings to the foreground all the peoples of the world and not just those in the most advanced economies. Such a model does not preclude high-tech products but it brings them into relation with many other kinds of products as well as a number of issues – economic, social, and ecological – that would be otherwise obscured. This model also recognizes the value and necessity of design in various settings from the poorest regions to the most developed. Thus, the question I ask about the future of design is what will it be for all people and not just for those in the most economically privileged situations. In order to address this question, which leads us to envision a wider horizon of design activity than in the past, new types of design thinking and design discourse or discussion are required. In short, designers have to reinvent the way they think about their practice in order to imagine its future in a more complex and multifacted world. There are numerous signs of such activity and further developments are promising. First, I would like to make reference to the profusion of design journals that have begun to sprout up in recent years as a counterpart to the traditional illustrated magazines. These include Design Issues, the AIGA Journal of Graphic Design, Emigré, and the Design Management Journal in the United States,

Design Studies, Information Design Journal, and the Journal of Design History in Great Britain, Temes de Disseny in Spain, tipoGráfica in Argentina, Design Recherche in France, formdiskurs in Germany, Estudos em Design and Arcos in Brazil, and Arttu in Finland. The existence of these journals as places to publish more reflective and scholarly writings is beginning to create a design culture of great intellectual value that did not exist previously. And it is happening on a global scale. More authors, both designers and those from other fields, are beginning to think about design in ways that it has not been thought about before and this is leading invariably to new ideas about the nature of design practice and how it might be conducted in the future. Writers and scholars with distinct voices are emerging. Through their writing we are starting to understand design within a more elaborate set of issues than in the past. These issues cover quite a wide range from environmental concerns, to the nature of creativity, the semiotics of form, and the expanded role of design within manufacturing firms.

Concomitant with the upsurge of new design publications is a growing interest in more advanced education for designers, notably doctoral degrees. Whereas such an idea might have easily provoked professional skepticism just a few years ago, it has now been embraced by a number of universities throughout the world and is being seriously considered by others. A recent conference on 'Doctoral Education in Design' , held at the Ohio State University in October 1998 attracted participants from nineteen countries. While some of them were involved with programs that are already in place, others came to learn more about what is being done elsewhere as an impetus perhaps to starting programs of their own. This interest in doctoral education is a sign of recognition that designers need to be better prepared than they have been in the past to confront the tasks before them. As part of the growing focus on design research, there is interest in a new academic field, 'design studies', whose contours and content are actively being discussed at conferences and in journals. One could argue that all of these intellectual developments are being driven by the awareness of a new situation for designing that requires more knowledge and understanding of the world than in the past. But not just technical knowledge. Knowledge of design's social effects is equally important. In this moment of rapid technological innovation we need to be more conscious than we have been of the impact new technologies make so we can prevent the coalescing of technological systems that we will ultimately recognize to be detrimental. Unfortunately, we still understand little about how to calculate the social advantages and disadvantages of new technologies. What may be lost through the introduction of new technologies is frequently difficult to perceive and may only become evident after it is to late to turn back.

We must also cultivate a wider vision of life on the entire planet so we can better understand the relations between social and economic situations in different parts of the world. In some countries we are witnessing the consolidation of large enterprises which are dominating entire sectors of national economies and increasingly the global economy. Such consolidations transmit monocultural business practices and prevent smaller and local entrepreneurs from entering the market. Some years ago, E.F. Schumacher wrote an important book entitled 'Small is Beautiful'. This became a catchword for a generation of social activists who have struggled for years against the monopolistic tendencies of business conglomerates. While it is not fruitful to envision a world of networked small towns as some of Schumacher's followers would like, it is possible to rethink the planning of cities in order to preserve some semblance of human scale, both in the physical environment as well as in the kinds of businesses – whether shops, banks, or varied service providers – that populate the city.

In actual practice, the boundaries of once-distinct design professions are blurring, partially in order to address complex problems of social development such as those of cities that transcend the standard divisions of design. Now a new more comprehensive approach to design is beginning to sufrace. This has been noted by, among others, Augusto Morello, the President of ICSID, the International Council of Societies of Industrial Design. Morello argues that "Such a 'Great Transformation' will sweep away he old classification of product, graphic, and shelter design and impose a new policy: a newly coordinated strategy for design promotion, professional education, and the support of designers and related activities/professions." The prospect of such a transformation will challenge every aspect of the current design culture from the organization and promotion of professional practice to employment opportunities, and education. Design educators, in particular, will have to reevaluate their curricula in order to reconfigure them in order to produce competent young designers who are prepared to face new tasks.

One result of this new thinking about more integrative design practices is that we have begun to imagine new projects for designers on a grander scalethan in the past. The city, as I have mentioned, is a site that calls out for more design intervention, not only in an aesthetic sense but also in terms of creating better methods of delivering goods and services and establishing opportunities for personal fulfillment through what E. F. Schumacher called "good work." We also need to recognize how design thinking can contribute to improving the multifarious micro-enterprises that operate throughout the world, those operated by the poorest people on the planet. The microcredit schemes that originated in Bangladesh have created entrepreneurial opportunities for large numbers of people in developing countries. These projects can be greatly enhanced by new forms of design thinking applied to businesses at the low end of the economic spectrum. On the high-tech end, we will need to gain a much better understanding of electronic space so that we can design for it as a compliment to physical space rather than as a substitute for it. Extremists are arguing that electronic space and even electronic bodies represent our future. But whose future and how healthy is it for anyone to spend inordinate amounts of time in front of a computer or to shift all their accessing of social services to the internet rather than to a more local community of service providers. One consequence of this "electronic shopping mall" is that people become much more focused about satisfying their needs and forget that the fulfillment of needs through human exchange has historically been a central impetus to the weaving together of communities.

The internet is here to stay and therefore designers must learn to think responsibility about it so that becomes a useful resource. There is a plethora of electronic products to be invented, some with which the user will interface and some that will operate, as browsers do, inside the web's infrastructure. In order to design responsibly for the web, we need a much better understanding of its potential as a social tool and we must remain aware of how easily it can pull consumers out of public space into a much more self-centered process of obtaining goods and services.

As I have been arguing in this essay, the future of design that is most worth contemplating is one that operates with a deep understanding of the world's complexity and a profound sense of human welfare. For the most part, we have known design as a part of product marketing and, of course, that will continue. But we need to invent new models of practice. To do this we should recognize that designing is basically a way to think about the world that results in a product. This product may exist within the market or it may not. Besides the challenge of imagining new products for the market we have to figure out how to pay for those that will be created outside of it. And that too is a project of design.

Liu Guanzhong

Perspektiven für das Design –
eine Meinung aus China

Ökonomisch gesehen, war China vergleichsweise spät in seiner Entwicklung, und die Einführung von Industrial Design fand erst fünfzehn oder sechzehn Jahre nach der Einführung der ökonomischen Reformen statt. Am Anfang wurde das Hauptaugenmerk auf die äußere Erscheinung gelegt. Den Vorlieben des chinesischen Konsumenten wollte man Rechnung tragen, indem man die Produkte verschönerte und verzierte. Das war in dieser Phase ein Schwerpunkt der Designer und hat auch das Verständnis von Design geprägt.

In der Phase, als Haushaltsgeräte und Geräte der Unterhaltungselekronik auf dem chinesischen Markt Eingang fanden, wurden Anlagen und Technologien aus Amerika, Japan und Europa importiert. Der Schwerpunkt lag auf dem Gebiet der Fertigungstechnologie.

Vor etwa zehn Jahren haben wir das Stadium der Marktwirtschaft erreicht. Mit ihr wurden Marketing, Produktplanung, Werbung und Verpackung zu heißen Themen im Design. Die Schaffung von einfach zu verteibenden Produkten, das was der Konsument will, ist zu einem wichtigen Schwerpunkt unserer Arbeit geworden.

Es ist zwar schön, den Produkten einen zusätzlichen Nutzen zu verleihen, um den Absatz und den Profit zu steigern, sollte aber nicht das alleinige Ziel sein. Das letztendliche Ziel eines Landes oder einer Nation sollte es sein, den Lebensstandart seiner Bevölkerung zu verbessern und einen zivilisatorischen Beitrag zu leisten. Was wir deshalb suchen müssen, ist ein gesunder Konsum und verbesserte Lebensbedingungen für die Bevölkerung als Ganzes. Wir, die wir als Designer tätig sind, sollten uns nicht so sehr mit dem Produkt, sondern vielmehr mit den Bedürfnissen des Menschen befassen. Das bedeutet, daß wir unsere Ziele erweitern und uns nicht nur mit der Herstellung und der Gestaltung des Produktes befassen, sonden alle Faktoren beachten, die mit seinem Gebrauch zu tun haben; von wem es benutzt wird und in welchem Zusammenhang. Die wichtigste Aufgabe ist deshalb, den möglichen Benutzer auszumachen und seinen Bedürfnissen gerecht zu werden. Die Dinge, die wir entwerfen, müssen realistischen Bedürfnissen entsprechen. Der Handel hat, wenn ich kritisch sein darf, die Leute zum Kauf verführt, indem er seine Waren verschönert und geschmückt hat. Heute wird das mit Hilfe der Technologie gemacht, aber wenig Beachtung wird der Überlegung zuteil, was nun der Konsument wirklich will.

Wirtschaftlicher Aufschwung und technologische Entwicklung sind nicht im Gleichgewicht. Es gibt eine weitverbreitete Verschmutzung und Zerstörung der natürlichen Umwelt. Wir müssen die augenblickliche Situation sorgfältig bewerten und intelligente Lösungen suchen. Wir müssen unsere Einstellungen ändern und ökologisches Design ermutigen.

Unsere Kreativität muß auf die Ideale der Menschen eingehen. Der Designer braucht Ziele und Anweisungen, wie sie zu erreichen sind. Ich habe schon immer gemeint, daß Design nicht eine Art von Technologie ist, sondern eine Form von Kultur. Deshalb sollte Design sich als Methodenlehre verstehen, als „Science of the Artificial".

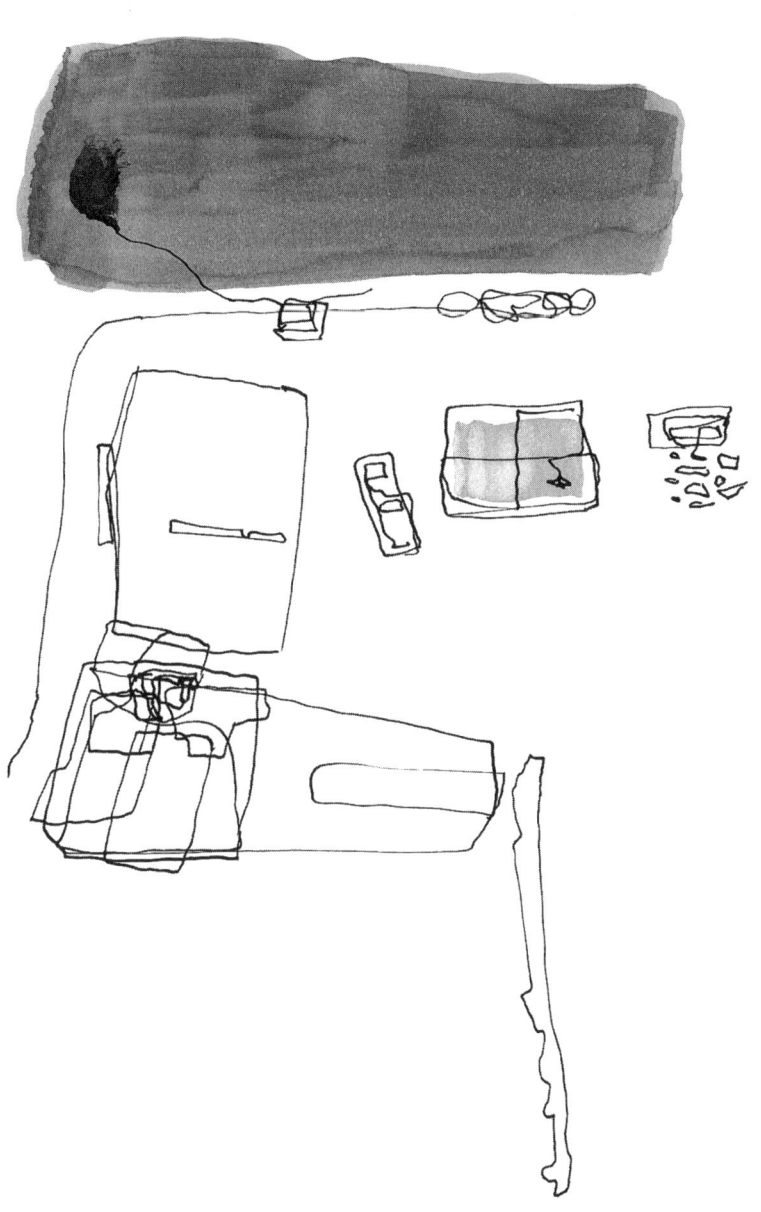

Frue Cheng

Alles Zeichen!

1. WAS IST DAS PROBLEM?

Lesebuch für Designer

Orientierung in der informationsüberfluteten Welt gewinnt immer mehr an Bedeutung. Das Überangebot an optischen Informationen, mit dem wir heute konfrontiert werden, ist so ungeheuer vielfältig und daher oft verwirrend, daß wichtige Informationen leicht übersehen werden. Durch das Anwachsen der Informationen und die Verdichtung der Kommunikation ist eine klare, eindeutige und universale Begriffsbildung unerläßlich.

Die Problematik der Zeichengebung und -vermittlung wird in allen Bereichen der Wissenschaft und Künste, der Öffentlichkeit, der Technik, der Medien, des Verkehrs usw. immer deutlicher sichtbar und eine Klärung ihrer theoretischen Grunndlagen daher immer dringlicher. Die Schwierigkeiten des Darstellens und Vermittelns von Informationen auf vielen Gebieten sind bekannt, aber ihre Überwindung scheitert gewöhnlich an mangelnder praktischer Anwendung, obwohl die theoretischen Erkenntnisse der Zeichen-, Informations- und Kommunikationstheorie sehr weit fortgeschritten sind. Die Verwertung einer Wissenschaft gelingt jedoch nur dann, wenn die theoretischen Grundlagen sorgfältig erarbeitet sind und auf ihre Tauglichkeit für die Praxis überprüft wurden.

Unsere technische Umwelt wird in dem Maße unanschaulicher, wie sich der Übergang von der mechanischen zur elektronischen Produktwelt vollzieht. Elektronische Produkte sind erklärungsbedürftig, und es ist zu erwarten, daß Informationsaufgaben, besonders im öffentlichen Bereich, immer wichtiger werden. Das zur Zeit vorrangige Interesse der Designer, Architekten und Stadtplaner an stilistischen Fragen hat einige wichtige Probleme der Industrie- und Informationsgesellschaft aus dem Gesichtskreis verdrängt. Eine dieser Aufgaben ist die Orientierungsgestaltung. An der Schnittstelle Mensch-Umwelt-Kommunikation ist die Informationsgestaltung entscheidend für die Orientierung.

Das menschliche Bedürfnis nach Orientierung hat praktische, soziale und historische Gründe. Wer orientiert ist, kann sich leicht zurechtfinden, d.h. jemand muß wissen, wohin er will, wo er sich befindet und wie er von da, wo er ist, nach dort gelangt. Eine fundamentale Voraussetzung von Orientierung ist somit Identität. Identität wird erfahren im Wiedererkennen.

„Unter einem System verstehen wir dabei stets ein geordnetes Ganzes, etwas, das nach einer bestimmten Ordnung zusammengestellt ist: Teile werden nach bestimmten Regeln oder Gesetzen zu einem Ganzen zusammengefügt, angeordnet, geordnet. Jedes System besitzt somit bestimmte Teile, sogenannte Elemente, und eine bestimmte Ordnung, die den Zusammenhang der Teile zum Ganzen bestimmt." *(Maser 1992, S.27)*

Ein Orientierungssystem beispielsweise besteht aus den Objekten, Informationsträgern und Menschen sowie den Informationsketten, welche die Ordnung und die Struktur für den Vorgang des Sichzurechtfindens festlegen. Die Objekte selbst sowie ihre Kombinationen können als Teilsysteme vom Gesamtsystem betrachtet werden.

Informationssysteme müssen außer den ergonomischen (physiologischen und psychophysischen) Kenndaten auch unter dem Aspekt des Erkennungsprozesses durch die Benutzer gesehen werden. Um dem Ziel näher zu konnnen, nur noch einheitliche und benutzerfreundliche Informationen darzubieten, müssen Untersuchungen zu den Problemkreisen Wahrnehmung (Mittelbezug), Kodierung (Objektbezug) und Organisation und Darstellung (Interpretantenbezug) der Informationen durchgeführt werden.

Im Themenkreis der „Produktsemantik" gibt es einige Publikationen, die den Zeichenbegriff voraussetzen, ohne ihn selbst untersucht zu haben oder eine praxisnahe Anwendungsmethode anzugeben Die Kommunikation hängt natürlich davon ab, ob das Zeichen, das man

gibt, von anderen verstanden werden kann. Ein einheitliches, leicht erkennbares Repertoire ist daher Voraussetzung für eindeutige, schnelle und exakte Kommunikation.

Die Anwendung der Wahrnehmungspsychologie für Orientierungsprobleme ist zwar wichtig, die folgende Arbeit wird jedoch entsprechend den obigen Ausführungen auf die Semiotik beschränkt bleiben. Hierbei wird die Semiotik von Charles Sanders Peirce (1839-1914) zugrunde gelegt, welche von dem Begründer des amerikanischen Pragmatismus im vorigen Jahrhundert geschaffen wurde, einschießlich der Erweiterungen durch Max Bense (1910-1990) und Elisabeth Walther.

Im Rahmen dieser Arbeit versuche ich, Orientierungssysteme für Design vom Standpunkt der Semiotik zu definieren. Die Semiotik muß dabei stets den Zusammenhang von Information und Kommunikation berücksichtigen. Aus praktischen Überlegungen beziehe ich mich hier auf Produkte im Sinne von Informationsträgern.

2. Information und Orientierung

Unter dem Stichwort „sich orientieren" findet man folgende Erläuterung: „[frz.(s`)orienter, zu: orient = Orient. urspr. = die Himmelsrichtung nach der aufgehenden Sonne bestimmen]: 1. die richtige Richtung finden; sich (in einer unbekannten Umgebung) zurechtfinden: 2. (bildungsspr.) sich einen Überblick verschaffen; sich erkundigen, umhersehen." Unter dem Stichwort „leiten" findet man: „begleitend, geleitend, hinführen, hingelangen lassen", „hinweisend führen, durch bestimmenden Einfluß lenken" und „in eine bestimmte Bahn bringen, irgendwohin lenken." (Duden 1989)

Orientierung ist ein psychologisches und physiologisches Grundbedürfnis des Menschen. Damit der Mensch sich in seiner Umwelt überhaupt zurechtfinden kann, benötigt er zwei wichtige Informationen: 1. die für die Ortsbestimmung des Organismus im Raum wesentlichen Informationen (Stellung des Körpers zur Erdmitte und daraus resultierend im Verhaltensraum) und 2. die Informationen, welche den Ort (Richtung und Entfernung) von Gegenständen und Körpern, deren Ausdehnung und Bewegung angeben.

„Information" wird folgendermaßen erklärt: [lat. informatio = Bildung, Belehrung, zu: informare, informieren]: 1. <Pl. ungebr.> das Informieren; Unterrichtung über eine bestimmte Sache. 2. a) [auf Anfrage erteilte] über alles Wissenswerte in Kenntnis setzende, offizielle, detaillierte Mittteilung über jmdn., etw. b) <meist Pl.> Äußerung od. Hinweis, mit dem jmd. von einer [wichtigen politischen] Sache in Kenntnis gesetzt wird. 3. (Kybernetik) Gehalt einer Nachricht, die aus Zeichen eines Kodes zusammengesetzt ist. 4. Auskunft. (Duden 1989) Die nötige Information kann durch optische Zeichen oder Medien vermittelt werden. Wird das Verhalten durch eine günstige Information gelenkt oder geleitet, so steigt die Wahrscheinlichkeit der erwarteten Reaktion bedeutend an. Die Information erfolgt prinzipiell aufgrund gewisser Zeichenkombinationen, die eine genaue Adressierung der notwendigen Schritte in der richtigen Reihenfolge ermöglichen. Eine sprunghafte Vergrößerung der Informationsvielfalt und folglich der Aktivität z. B. innerhalb eines städtischen Mediums stellt die Gesellschaft vor die Notwendigkeit, das Niveau ihrer Organisiertheit zu erhöhen.

Informationen in Form von Symbolen oder Zeichen erhält man im Stadtzentrum aus den Gebäuden, von den Objekten, aus der Farbe, von Aufschriften etc. Jede Orientierung ist letztlich ein Sichzurechtfinden auf der Basis der Informationen. Es ist also unmöglich, ein Ziel ohne Information zu erreichen. Die wichtigste Aufgabe für ein Orientierungssystem besteht darin, Informationen auszuwählen und zu strukturieren, die für die Benutzer vorrangig sind, also Informationen, die unmittelbar zur Orientierung gehören.

Für die Informationsübermittlung an den Benutzer eignen sich der visuelle und der auditive Sinneskanal. Das breite Spektrum neuer Darbietungsformen von optischen und akustischen Anzeigen ermöglicht die Informationsausgabe in einer an den Menschen angepaßten Form. Für optische Informationen werden zunehmend elektronische Displays, wie Leuchtdioden-, Flüssigkristallanzeigen und Bildschirme eingesetzt, deren elektronische Ansteuerung eine flexible Darbietung von Informationen erlaubt.

Für technische Produkte (z. B. Fahrausweisautomaten) und Dienstleistungsangebote stellt die Durchschaubarkeit einen wesentlichen Qualitätsfaktor dar. Statt der früher üblichen Informationsübermittlung durch persönlichen Kontakt mit den Bediensteten des Verkehrsunternehmens werden heute automatische Einrichtungen zur Versorgung des Fahrgastes mit Information und anderen Dienstleistungen wie der Fahrkartenausgabe eingesetzt. Die Automatisierung aus wirtschaftlichen Gründen empfindet der Benutzer oft als Verarmung und Erschwerung.

Neben der Orientierung anhand zahlreicher Hinweisschilder ist der Fahrgast zunehmend darauf angewiesen, in einen Dialog mit Fahrkarten- und Auskunftautomaten einzutreten. Letztgenannte Automaten dienen bei bedarfsgesteuerten Verkehrssystemen zur Eingabe des Fahrwunsches und zu dessen Annahmebestätigung. Besondere Bedeutung besitzen die Informationssysteme für den ortsfremden, den ungeübten Fahrgast.

Die Benutzung von Fahrausweisautomaten wird durch mangelnde Vereinheitlichung erschwert, so daß ein früher gelernter Benutzugsablauf in einer fremden Stadt kaum nützlich ist. Neben diesen technisch-organisatorischen Mängeln kann eine Reihe von Schwierigkeiten durch verbesserte Anpassung des Informationsangebotes an die Aufnahme, Verarbeitung und Ausgabe von Informationen des Menschen behoben werden. Hierzu gehören die Unauffälligkeit, die schlechte Lesbarkeit, die Unverständigkeit und die unzureichende Benutzerführung.

Der erste Schritt der Anpassung der Anzeigen und Bedienungselemente an die menschliche Informationsverarbeitung beginnt mit der Wahrnehmbarkeit der Information (Wahl der Darstellungsparameter), z. B. Größe und Typ von Schrift- und Bildzeichen, deren Helligkeits- und Farbkontrast, Form der Zeichen, Verwendung von Groß- und Kleinbuchstaben etc.

Der zweite Schritt der Gestaltung der Fahrgastinformation besteht in der Kodierung der an den Fahrgast zu übermittelnden Nachrichten, z. B. die Umsetzung von

Wegweisungs-, Tarif- und Fahrplaninformationen in geeignete Zeichen, wofür insbesondere Schrift- und Bildzeichen, Farbsymbole und zeitlich veränderliche Signale (Blinken) zur Auswahl stehen. Neuerdings ist neben der optischen Kodierung die akustische Übermittlung von Information durch synthetisch erzeugte Sprache realisierbar. Von der dabei gegebenen Übertragungsmöglichkeit durch das Telefon wird in automatischen Auskunftssystemen bereits Gebrauch gemacht.

„Kodieren" heißt, ein Zeichensystem durch ein anderes aufgrund von Verknüpfungsregeln und Kombinationsregeln oder Zuordnungsregeln ersetzen ... – „Die Kodierungsfunktion des Zeichens bezieht sich schließlich auf den Interpretanten des Zeichens. Auch hier werden drei Möglichkeiten, ein Zeichen zu kodieren, unterschieden, nämlich erstens die 'analoge' Kodierung, zum Beispiel das Schwanken der Stromstärke auf der Skala des Ampèremeters, zweitens die 'digitale' Kodierung, zum Beispiel die Kodierung der Buchstaben der natürlichen Sprache durch zwei Zeichen, wie 0 und 1 (Binärcode) oder Strich und Punkt (Morseschrift), und drittens die 'kopulative' oder 'kompositorische' Kodierung, die zum Beispiel die Darstellung eines Sachverhalts durch die Umstellung der Wörter oder Sätze verändert." *(Walther 1979, S. 114-115)*

Falten, Schriftzeichen und Formen sind Kodierungen des visuellen Informationsangebots. Sie erleichtern und beschleunigen die Informationsübermittlung. Dies ist jedoch dann sichergestellt, wenn die Kodierung eindeutig ist, den Regeln der Wahrnehmbarkeit entspricht und konsequent angewendet wird.

Der dritte Schritt bei der Anpassung des Informationsangebotes an die Bedürfnisse des Menschen ist die Organisation der Information, d.h. die Darstellung mehrerer Nachrichten und deren Zusammenhänge. *(Vgl. dazu: Reinig 1979, 1984 und Geiser 1980)*

Informationen werden durch Zeichen vermittelt. Sie geben Auskunft über Okjekte oder Ereignisse oder Handlungen. Information wird erzeugt oder gegeben durch die Objekte selbst oder durch Zeichen für die Objekte. Es besteht also eine Kommununikation zwischen Mensch-Mensch, Mensch-Objekt (Design, Architektur, Kunst), Mensch-Umwelt, aufgrund von Informationen.

„Zeichen" wird folgendermaßen erklärt: „1. a) etw. Sichtbares (bes. eine Geste, Gebärde, ein Laut o. ä.), das als Hinweis dient, etw. deutlich macht, mit dem jmd. auf etw. aufmerksam gemacht, zu etw. veranlaßt o. ä. wird. b) der Kenntlichmachung von etw., dem Hinweis auf etw. dienende Kennzeichnung, Markierung od. solche dienender Gegenstand. c) (für etw.) festgelegte, mit einer bestimmten Bedeutung verknüpfte, eine ganz bestimmte Information vermittelnde graphische Einheit. 2. etw. (Sichtbares, Spürbares, bes. eine Verhaltensweise, Erscheinung, ein Geschehen, Vorgang. Ereignis was jmdn. etw. zeigt. für jmdn. ein Anzeichen, Symptom, Vorzeichen darstellt …" (Duden 1989)

In den letzten dreißig Jahren ist die allgemeine Zeichenlehre oder Semiotik von verschiedenen Ausgangspunkten aus aufgenommen und untersucht worden. Drei große „Richtungen" sind heute feststellbar, die mehr oder weniger zusammenhängen 1) die von der Logik und Erkenntnistheorie ausgehenden Untersuchungen von Peirce, Frege, Wittgenstein u.a. 2) die von der Linguistik ausgehenden Arbeiten von de Saussure und seinen Nachfolgern. 3) die von der Verhaltensforschung ausgehenden Untersuchungen von Morris und anderen Behaviouristen. *(Vgl dazu: Maser 1973, S. 33-50)*

Die Definition des Zeichens als Grundelement der Semiotik findet man bei C.S. Peirce. Seine Definition des Zeichens als „triadische Relation" hat den Vorteil, nicht nur universal begründet, sondern auch universal anwendbar zu sein. Die drei Bezüge (Relationen) des Zeichen sind: 1. der „Mittelbezug" (Wahrnehmung), 2. der „Objektbezug" (Erfahrung) und 3. der „Interpretantenbezug" (Erkennen).

„Zeichen werden geschaffen und verwendet, um gewisse Zwecke zu erfüllen, gewisse Leistungen zu erbringen: Man will durch sie etwas zum Ausdruck bringen, etwas darstellen und einem anderen mitteilen. Da jedes beliebige Etwas zum Zeichen erklärt werden kann, gibt es die verschiedensten Zeichen, die – wie im historischen Überblick klargeworden ist – dem Ausdruck bzw. der Formation, der Darstellung bzw. der Information und der Mitteilung bzw. der Kommunikation dienen.

Daß ein beliebiger materieller Gegenstand als Zeichen etwas anderes bezeichnen kann, hängt nicht allein von Konventionen ab, sondern auch davon, daß dieses Zeichen in einer bestimmten 'Situation' ... fungiert das heißt, jedes konkrete, wirksame Zeichen ist nicht nur repertoire-, sondern auch situationsabhängig. Ob man visuelle, auditive, taktile, olfaktive, gustative Zeichen oder ihre Kombination verwendet, wird 1) von der Situation bestimmt, in der die Zeichen gebraucht werden, 2) von der Umgebung, zu der sie gehören, und drittens von dem, was sie ausdrücken, bezeichnen oder darstellen und wen sie auf welche Weise erreichen sollen. Diese allgemeinen Erklärungen des Zeichens machen deutlich, daß das Zeichen verstanden wird einmal als Mittel eines 'Repertoires', dann als an einen 'Objektbereich' und an ein 'Interpretantenfeld' sowie eine 'Umgebung', eine 'Situation' und schließlich an einen bestimmten 'Kommunikationskanal' gebunden." *(Walther 1979, S.55-56)*

Ich werde anhand eines Beispiels im Folgenden kurz darstellen, wie die Semiotik von C. S. Peirce konzipiert ist. Dabei stütze ich mich auf die Arbeiten von Max Bense und Elisabeth Walther, die Konzeptionen von Peirce aufgenommen, formalisiert und erweitert haben.

Die wechselnden Landschaftsbilder, sobald man sich umschaut, können das Konzept verdeutlichen: Man kommt in eine fremde Stadt und fährt vom Flugplatz in die Stadt, plötzlich erscheinen große Häuser, „größere Häuser"! Das heißt, hier ist schon ein Wohnzentrum oder irgend etwas Ähnliches. Dann schaut man aufmerksamer, weil die Größe der Häuser schon ein Zeichen ist. Es sind nicht kleine Häuser, es ist nicht die Vorstadt, sondern schon irgendwo im Zentrum. Es gibt Gegenstände, die man aus Erfahrung sofort als Zeichen interpretieren kann. Wenn man anfängt zu überlegen, was das sein kann, ist es für den Betroffenen schon ein Zeichen.

Was wir immer berücksichtigen müssen, ist, daß wir die Welt ansehen und diese verstehen wollen Alles, was wir verstehen wollen, geht durch unsere Wahrnehmung bis zum Erkennen oder Denken. Von der Wahrnehmung aus machen wir uns ein Bild: Wo sind wir jetzt, was ist hier los? Wohin muß ich jetzt gehen? etc.

Dies alles sind Zeichenprozesse oder Erkenntnisprozesse, speziell Orientierungsprozesse. Wir haben Erkenntnis entweder durch eine Theorie – die wir kennen – und können aus dieser Theorie etwas ableiten (logisch), oder wir haben Erfahrung – was wir immer wieder festgestellt haben –, oder wir haben nur wahrgenommen, was natürlich sehr vage ist. Diese drei Erkenntnisstufen besitzen wir. Jedes Zeichen ist, unabhängig vom erlebenden oder wahrnehmenden Menschen, ein Zeichen, das von anderen Menschen gemacht worden ist. Jedes Haus, das man sieht, ist von jemandem geplant worden. Es ist also wichtig zu erkennen, daß ein Zeichen etwas ist, das von jemandem gemacht wurde.

Wenn jemand etwas macht, dann hat er immer eine Absicht. Man baut z. B. eine Straße, damit man schnell und sicher an ein Ziel kommt. Wenn man dies semiotisch ausdrückt, heißt das: Es ist ein Zeichengeber (der Planer) da, und dieser muß sich genau überlegen, was für ein Zeichen er gibt. Wenn also jemand eine Straße baut (ein Zeichengeber baut eine Straße), dann muß er daran denken, wer die Straße benutzen wird! Soll man sie als Fußweg benutzen oder als Radweg oder als Autostraße. Man muß es schon vorher genau wissen. Und so macht es jeder mit Zeichen. Wenn ich jemandem ein Zeichen gebe, dann muß ich es so machen, daß es gut zu verstehen ist und daß es in der Situation, in der wir uns befinden, auch sinnvoll ist.

Das Zeichen, das man gibt, ist etwas, das andere wahrnehmen und verstehen sollen. Das Zeichen selbst hat schon eine Bedeutung dadurch, daß man es macht.

Jedes Zeichen hat von sich her schon einen Mittelbezug, einen Objektbezug und einen Interpretantenbezug. Für den kommunikativen Zusammenhang ist es wichtig, ob der, der Zeichen interpretiert, dasselbe meint wie derjenige, der das Zeichen gegeben hat. Und deswegen ist es so wichtig, vorsichtig vorzugehen, um die Vermittlung möglichst fehlerfrei zu gestalten.

„Kommunikation" bedeutet: „(lat. communicatio = Mittteilung. Unterredungen]: 1. <0. Pl> Verständigung untereinander, zwischenmenschlicher Verkehr bes. mit Hilfe von Sprache, Zeichen. 2. Verbindung, Zusammenhang." (Duden 1989)

Nach dem Kommunikationsmedium unterscheidet man beispielsweise die verbale Kommunikation, deren Medium die gesprochene oder geschriebene Sprache ist, von der visuellen Kommunikation, deren Medium aus grafischen oder bildnerischen Mitteln besteht. „In der verbalen Kommunikation ist im Prinzip eine beliebig hohe Präzisierung von Informationen möglich, allerdings auf Kosten der Übertragungsgeschwindigkeit, denn präzise Ausdrucksweise bedeutet hohe Differenzierung und damit langer Text. In der visuellen Kommunikation ist eine hohe Übertragungsgeschwindigkeit möglich, allerdings auf Kosten der Präzision der Information ... Mischformen finden sich beispielsweise sowohl in der präzisen, technischen Konstruktionszeichnung als auch in der bildhaften, metaphorischen Sprache." *(Maser 1974, S.89-90)*

Orientierung ist der Vorgang des Sichzurechtfindens. Informationen sind daher Hilfsmittel, die den Abbau von Unsicherheiten betreffen. Diesen Vorgang des Sichorientierens kann man als einen Kommunikationsprozeß auffassen, bei dem die vorhandene Umwelt wirksam wird durch ihre Elemente und Merkmale.

Kommunikation ist der Vorgang der Vermittlung. Einige von diesen Bereichen nehmen wir tatsächlich wahr, können sie erleben, andere Bereiche werden ausgefiltert und nicht erfaßt (Selektion). So können verschiedene Personen gänzlich verschiedene Eindrücke von der gleichen äußeren Umwelt oder wahrgenommenen Objekten haben. Da die Kommunikation eine wichtige Bedeutung im Gesamtprozeß des gesellschaftlichen Lebens einnimmt, kann man behaupten, daß der Charakter der zwischenmenschlichen Verbindungen eine der wichtigsten Synthesecharakteristiken im Urbanisierungsprozeß darstellt. Information ist ein wichtiger Faktor der Orientierung. Sowohl die räumliche als auch die Gebrauchsorientierung gehorchen den gleichen Wahrnehmungsmustern.

3. ORIENTIENUNG IST WICHTIGES BEURTEILUNGSKRITERIUM

Beurteilungskriterien sind Grundlagen, welche die Bewertung sämtlicher Faktoren der Gestaltung ermöglichen sollen. Je nach Art und Ziel handelt es sich dabei um

sehr unterschiedliche Beurteilungskriterien. Bei Design-
wettbewerben z. B. sind es die Ausschreibungsbedin-
gungen, die bestimmte Vorgaben für die Jury festlegen.
In der Umwelt- und Stadtgestaltung gibt es Kriterien, die
häufig aus dem Bereich der Verhaltens-, der Wahrneh-
mungs- und der Sozialpsychologie stammen.

Es gibt viele Kriterienkataloge, die aus unterschiedlichen Planungsbereichen entnommen sind. Zum Teil be-
ziehen sich die einzelnen Punkte auf die Orientierung.
Als Beispiele werden herangezogen: 1. „Design Philosophie" von Dieter Rams aus der Braun Design Abteilung
1987: „Gutes Design macht ein Produkt verständlich: Es
offenbart die Struktur des Produktes auf logische Art
und Weise. Es bringt sozusagen das Produkt zum Sprechen. Und vielleicht kommt man in dem einen oder anderen Fall ohne frustrierendes Studium der Bedienungsanleitung aus ..."

Nach Klaus Lehmann sind beispielsweise für Produkte die Bedienungselemente so zu gestalten, daß aus
der Form ablesbar ist, ob sie „gedrückt", „gedreht" oder
„gezogen" werden müssen. Alle Elemente sollen miteinander verwandt sein und eine Formfamilie bilden als
„Sinnfälligkeitsaufgabe" (*Lehmann, 1986, S. 27*). Die be-
friedigende Handhabung eines Gegenstandes ist dann
gegeben, wenn die Funktion aus der Form ablesbar ist. Es
ist eine frustrierende Erfahrung, wenn man durch müh-
sames Probieren feststellt, daß ein Knopf gedreht werden
muß, obwohl er aussieht, als müsse man ihn drücken. Es
gibt auch kritische Situationen, in denen der Mensch in-
stinktiv reagiert und eine der Sinnfälligkeit widersprechende Gestaltung für den Benutzer nachteilig oder gar
gefährlich werden kann.

Funktionen werden zeichenhaft auf Form und Raum
übertragen durch folgende Kodierungen: 1. verbale, 2.
akustische, 3. farbliche, 4. textuelle, 5. materielle, 6. for-

male Kodierung und 7. durch Zwangsführung. Kodierungen geben Hinweise, wie die Produkte und Räume benutzt werden sollen. In manchen Fällen wenn es z. B. um Sicherheit geht, genügt die hinweisgebende Gestaltung nicht. Dann ist eine Zwangsführung die bessere Lösung, d. h. ein Bedienungselement läßt sich physisch nur in der vorgesehenen Weise benutzen.

Kann die Gestaltung gut funktionierender Orientierungssysteme mit Hilfe von semiotischen Beurteilungskriterien verbessert werden? Mit der Zeichentheorie steht den Gestaltern ein Werkzeug zur Verfügung, das ihnen dazu dienen kann, ihre Absichten „sinnfällig" zu machen und die Akzeptanz ihrer Produkte zu verbessern.

1) Bense, Max: Zeichen und Design, Baden-Baden 1971

2) Duden Deutsches Universal Wörterbuch A-Z, Mannheim 1989

3) Geiser, Georg und Hans-Joachim Reinig: Der ratlose Reisende vor dem Fahrkartenautomaten, Verbesserung des Mensch-Maschine Dialogs im Nahverkehr. In: „forschung", Mitteilung der Deutschen Forschungsgemeinschaft Heft 4/1980

4) Lehmann, Klaus: Aspekte der Grundlehre. In: Entfaltungen, Staatliche Akademie der bildenden Künste Stuttgart, 1986

5) Maser, Siegfried: Einführung in die Kommunikationstheorie, Bergische Universität-Gesamthochschule Wuppertal. Vorlesungsmanuskript SS. 1992

6) Reinig, Hans-Joachim: Gestaltung von Netz- und Tarifübersichten im öffentlichen Personenverkehr. In: Fhg- Berichte 1/2 - 1979

7) Reinig, Hans-Joachim, und Klaus Wergles: Neue Wege der Fahrgastinformation: Benutzerfreundliche Automaten in Der Nahverkehr, 3/1984

8) Walther, Elisabeth: Allgemeine Zeichenlehre, Einführung in die Grundlagen der Semiotik, 2. Auflage, Stuttgart 1979

9) Wörterbuch der Semiotik, Herausgegeben von Max Bense und Elisabeth Walther, Köln 1973

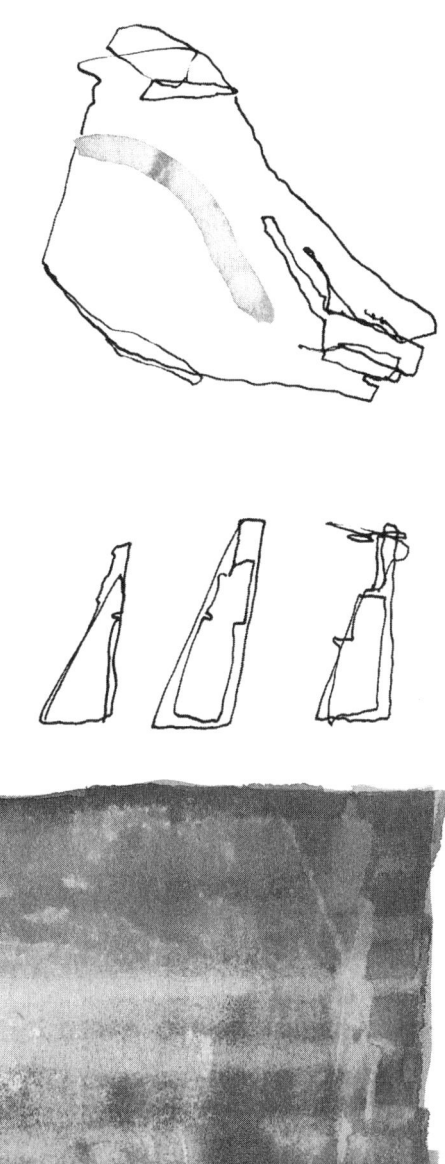

Otto Sudrow

Vom Gebrauchswert der Form und einem Gebrauchswertdefizit

1.

Desingnausstellungen zeigen Industrieprodukte in aller Unterschiedlichkeit. Aber man spürt die gezielte Zusammenstellung. Alle sind innerlich verbunden. Von einer Haltung, die hinter dem gestalterischen Ausdruck wirksam ist. So – in der Vitrine, auf einem Sockel – kann man sie nicht benutzen. Als praktische Gebrauchsgegenstände sind sie unwirklich. Trotzdem machen sie Eindruck und lassen sich von unserem Augensinn, als die Skulpturen ihres eigenen Zwecks, willig in Gebrauch nehmen. Wir können sie uns aneignen, ohne sie rechtlich zu besitzen oder körperlich zu handhaben.

Schon der visuelle Umgang mit ihnen führt zwangsläufig zu einem Dialog. Wie ist das möglich? Was an ihrer Gestalt stimuliert und vermittelt diese Kommunikation? Es ist natürlich der Ausdruckswille professioneller Gestalter, der sich über die Ausdrucksfähigkeit der Form mitteilt. In einer „Sprache", die auch viele Laien wie von selbst verstehen und die uns ein Ding selbstverständlich machen. So sind wir in der Lage, ihren Gebrauch geistig vorwegzunehmen.

Das, was hier einfach, logisch, leicht und ungezwungen anmutet, ist das Resultat bewußter Gestaltung, von „Industrial-Design". Design ist die Organisation des Gebrauchs durch die Form, hat Chup Friemert einmal definiert. Mit dieser Formulierung läßt sich die Tätigkeit des Designers auf den Punkt bringen. Aldo van den Nieuwelaar etwa drückt es so aus: ... „in meiner Arbeit versuche ich, ... der Essenz eines Gebrauchsgegenstandes Form zu verleihen. Industrielle Formgestaltung ist eine Visualisierung, dieses Prozesses ..." Mit dem Gesagten ist der gemeinsame Gestaltungsgrund aller Designobjekte umrissen, ihre Form aufgefaßt als ein Gefäß, dessen potentieller Inhalt in seiner Form anschaulich ist.

Um den tatsächlichen Gebrauchswert gestaltungsintensiver Produkte mit ihrer auf die Spitze getriebenen formalen Qualität hintergründig zu erfassen, muß ihr Gebrauch differenzierter zerlegt und die stilistischen Mittel ihrer Entwerfer müssen genauer bezeichnet werden. Dazu ein Hinweis: Designer verstehen unter Gebrauchswert die Summe aller für den Gebrauch nützlichen Eigenschaften eines Industrieprodukts. Ist eine solche Qualität isolierbar, dann bezeichnen wir sie im Vollzug des Nutzens als Funktion, als technische, ergonomische oder ästhetische Funktion (um die wichtigsten zu nennen). Einige dieser Funktionen bringt der Designer in Zusammenarbeit mit anderen Spezialisten lediglich in Form, beispielsweise die technische Funktion einer Uhr, deren technischer Inhalt – das Zeitmeßaggregat – wahrscheinlich vom Feinwerktechniker stammt. Die ästhetische Funktion dagegen ist der autonome Arbeitsgegenstand des Designers. Er konzipiert ihren Inhalt und materialisiert sie in einer Gesamtform. Allerdings immer unter Interpration aller anderen Funktionen. Der ästhetische Gebrauchswert verbirgt sich allerdings nicht wie der technische als Uhrwerk hinter dem Zifferblatt wie bei der Uhr. Er ist sozusagen nicht innerlicher Inhalt, sondern äußerlicher Inhalt der Form. In der Produktgestaltung ist also einerseits die Form immer die Folge der technischen, ergonomischen und ästhetischen Funktionen, andererseits aber ist gerade die ästhetische Funktion immer auch Folge der Form. Jede Designaufgabe findet in dieser Denkfigur ihre Problematisierung. Diese „Äußerlichkeit" der ästhetischen Funktion ist über die Kommunikationsfähigkeit hinaus eine weitere Ursache dafür, daß bewußt gestaltete Gebrauchsgegenstände – hinter Glas und auf einem Sockel, sogar unabhängig von ihrer Käuflichkeit – in unseren Genuß eingehen können. Wir können sie ästhetisch werten, sogar noch im abstrahierten Zustand einer Modellhülle oder eines Fotos.

In jedem Produkt sind immer mehrere Funktionen unauflösbar miteinander verquickt, allerdings sind sie von Produktgattung zu Produktgattung verschieden angeordnet und gewichtet. Während bei einer Armbanduhr fraglos die technische Funktion vor den anderen die

Form bestimmt, ist bei einem Armschmuck die ästhetische Funktion formbestimmend. Die Funktionsstruktur der Industrieerzeugnisse ist nicht geschlossen, sondern wie ihr Widerpart, die menschlichen Bedürfnisse, unerschöpflich. Während sich in der Vergangenheit die Breite der Bevölkerung mit zwar technisch brauchbaren, aber ästhetisch weitgehend unbrauchbaren Industrieprodukten begnügen mußte, sind im Prozeß der beschleunigten Produktkultivierung nach der Ölkrise 1973, die ästhetischen Ansprüche der Nachfrage von der Industrie stärker beachtet und das Funktionsspektrum der Erzeugnisse entsprechend erweitert worden.

Heute macht die Entwicklung der technischen und ergonomischen Qualität etwa der Wohnungseinrichtung keine großen Sprünge mehr. Die Qualitätsansprüche haben sich hautpsächlich auf die Verbesserung der ästhetischen Gebrauchseigenschaften konzentriert. Folglich stellt sich den qualifizierten Produzenten und Einrichtern die Befriedigung des ästhetischen Bedarfs als Hauptaufgabe. Deshalb nennt man das Industrial-Design zu recht eine der Zukunftstechnologien. Design sättigt die Industrieprodukte mit Gebrauchsmöglichkeiten und macht sie umfassender brauchbar. Stellvertretend für viele postulierte Aldo van den Niewelaar dies für seine Arbeit so und folgt damit Leon Batista Alberti, Adolf Loos und anderen: „...Produkte, die bereits vorhandenen nichts hinzufügen, haben meines Erachtens keine Daseinsberechtigung! Das gilt für Industrial-Design schlechthin. Dieses 'Mehr' kann sich eigentümlicherweise auch durch ein 'Weniger' ausdrücken. Die Porträtmalerei mag hier als Beispiel dienen: Was die Gesichter der abgebildeten Personen in einem Vergleich bemerkenswert macht, ist das 'Wie' der Darstellung, also Ausdruck, Zeitgeist, Handschrift oder besser die individuelle Gestaltungskonzeption des Malers und die von ihm eingesetzten Mittel. Im Grund ist nicht besonders interessant, welche Person porträtiert ist. Besonders bei den Gebrauchsgegenständen mit langer Gestaltungstradition – und dazu gehören die meisten Dinge des täglichen Umgangs im Wohnbereich – ist es ganz ähnlich. Es ist dieser überaus sensible Punkt, an dem gestalterische Ideale des Designers mit den ästhetischen Erwartungen der Gebraucher zusammentreffen und zur Übereinstimmung kommen müssen. Sie ist die Voraussetzung für den Prozeß der ästhetischen Aneignung: Wahrnehmen, Reflektieren, Empfinden, Verstehen, Genießen. Als Einheit.

Der ästhetische Gebrauchswert von Gegenständen, die als vorbildlich gelten oder von einer Jury ausgezeichnet werden, ist meistens mit sparsamsten Mitteln organisiert. Bruno Ninaber van Eyben faßt das Leitmotiv äußerst bündig: „Weniger ist nicht möglich, mehr ist nicht nötig." Leider geht mit gestalterischer Reduktion nicht zwangsläufig die wünschenswerte Reduktion des Preises einher. Außerdem gilt als Eleganz immer noch „die Darstellung von Einfachheit ohne Rücksicht auf die

Kosten". Trotzdem: Äußerste Vereinfachung als stilistisches Mittel, Verzicht auf künstlerische Ambitionen am Gebrauchsding, persönliche Zurückhaltung des Gestalters, sie kennzeichnen für mich die ästhetische Funktionalität gebrauchstüchtiger Industrieerzeugnisse. Hinter der Zurücknahme von Entwurf und Entwerfer blitzt die Überzeugung auf, daß diese Dinge in einem erfüllten Leben so wichtig nun wirklich nicht sind. Auch wenn dieser Eindruck entstehen mag, sei es vor vollen Schaufenstern, angesichts der Reklameflut oder wie hier, wenn ein Designer sich über seinen Beruf äußert.

2.

Wir sprechen zuviel über Gestaltungsobjekte und zuwenig über die Subjekte unserer Gestaltung. Ich meine nicht, daß wir noch mehr über „den Verbraucher" reden sollten, aber öfter mit den Menschen, für die wir gestalten. Auch wir Designer verstehen vom Leben viel zu wenig. In der Einrichtungsberatung habe ich eine Beobachtung gemacht, die ich bei meiner Arbeit als Produktgestalter immer vor Augen habe. Die meisten Menschen kaufen sich ein Industrieerzeugnis nicht etwa, weil sie es für rundherum gebrauchstüchtig halten, sondern obwohl sie wissen, daß es das nicht ist. Nicht weil, sondern obwohl! Letztlich wird ein Produkt gekauft, weil zu einem bestimmten Zeitpunkt, an einem bestimmten Ort und – dies vor allem – zu einem bestimmten Preis kein besseres zu bekommen ist. Fast jeder Kauf ist also mehr oder weniger ein Kompromiß zwischen der subjektiven Nutzen–Erwartung und der Gebrauchstauglichkeit des erreichbaren Erzeugnisses. Es könnte zwar praktisch und schön und preiswert sein, ist es aber nicht.

„Was heißt hier Unzufriedenheit der Verbraucher, Gebrauchswertdefizit beim Produkt", höre ich in den

Produktions- und Handelsunternehmer. Die Abstimmung an der Kasse liefert doch den Gegenbeweis. Der Zweck der Produktion hat sich erfüllt! Das Management konzentriert sich auf den Markt, also auf die Bedingungen des Besitzwechsels der Erzeugnisse. Die Gebrauchszusammenhänge geraten da allenfalls nebensächlich ins Blickfeld. Die Vergötterung des Marktgeschehens durch die Industrie verstellt deren Sicht auf die Bedürfnisse. Diese entstehen, entwickeln und modifizieren sich ja nicht am Markt, sondern im alltäglichen Leben. Erst wenn sich ein neues Produkt als Flop herausstellt, tritt die Differenz zwischen Bedarf und Angebot deutlich hervor. Insbesondere die Konsumgüterindustrie spekuliert auf Bedürfnisse, besonders die ästhetischen.

Eine der Ursachen des Gebrauchswertdefizits liegt in der Natur der menschlichen Bedürfnisse, in deren Entwicklungsfähigkeit. Das Bessere ist stets der Tod des Schlechteren. Jedes Erzeugnis, das unseren Stoffwechsel mit der Natur und den Umgang mit unserer gegenständlichen Umwelt verbessert, entfaltet unsere Bedürfnisse und unsere Genußfähigkeit. Weil Bedürfnis und Gebrauchswert sich gegenseitig aufschaukeln, ist dies „natürliche" Defizit unerschöpflich. Dabei eilen die Erwartungen und Ansprüche den realen Möglichkeiten immer voraus. Der Garten Eden und das Schlaraffenland sind unausrottbar. Gut so!

Wir Industrial-Designer stehen in der Tradition der Moderne, deren Verdienst es unter anderem ist, mit Hilfe des Funktionalismus die industriellen Produktionstechnologien und deren Ökonomie den Lebenserfordernissen der Menschen – zumindest ideell – unterstellt zu haben. Daraus folgt erstens, daß praktische und schöne Produkte für alle erreichbar sein können. Und zweitens, daß Wirtschaftsunternehmen, die keine nützlichen und die Lebensqualität verbessernden Produkte herstellen, keine Daseinsberechtigung haben. In dieser Auffassung bildet das hier angedeutete Gebrauchswertdefizit das professionelle Gravitationszentrum. Es ist Ausgangspunkt und Ziel unserer Tätigkeit. Die Aufhebung des Gebrauchswertdefizits ist die alte Herausforderung, die sich in der praktischen Arbeit immer wieder neu stellt. Dabei ist es äußerst unbefriedigend zu beobachten, wie wenig Wissen über die Struktur dieses Phänomens produziert wird und wie erstarrt sich die gängige Entwurfs- und Planungsmethodologie zeigt.

Industrielle Entwicklungsaufträge, die auch ästhetische Forschung zuließen, zeigen mir immer wieder folgendes: Design-Laien werten ästhetische Qualitäten anders als Design-Experten. Sie bevorzugen eine Synthese von „Modernität" und „Vertrautheit". Ästhetische Brauchbarkeit rangiert bei ihnen vor technischer Qualität und Praktikabilität. Sowohl das unpraktisch wie das nur praktisch wirkende Produkt wird abgelehnt, auch mäßig bis stark dekorierte. Allzu modernistische und formalistische Entwürfe sind ihnen zu elitär, gewollt oder autoritär.

Wir Designer gestalten für uns unbekannte Menschen, ja für die von morgen, wenn man die Vorlaufzeiten bei Industrieprodukten bedenkt, und das unter Bedingungen, die sich rasant verändern. Mit unseren ästhetischen Normen liegen wir wahrscheinlich nicht sehr hautnah am Bedarf. Sind zu weit vorn, weil Design immer auch das ist, was Designer machen oder für richtig halten. Aber als Experten können wir sie – anders als die Laien – operationalisieren und adaptieren. Um das Gebrauchswertdefizit zu verringern, müssen wir einfach nur lernen, nicht allein für uns, sondern hauptsächlich für andere entwerfen zu können.

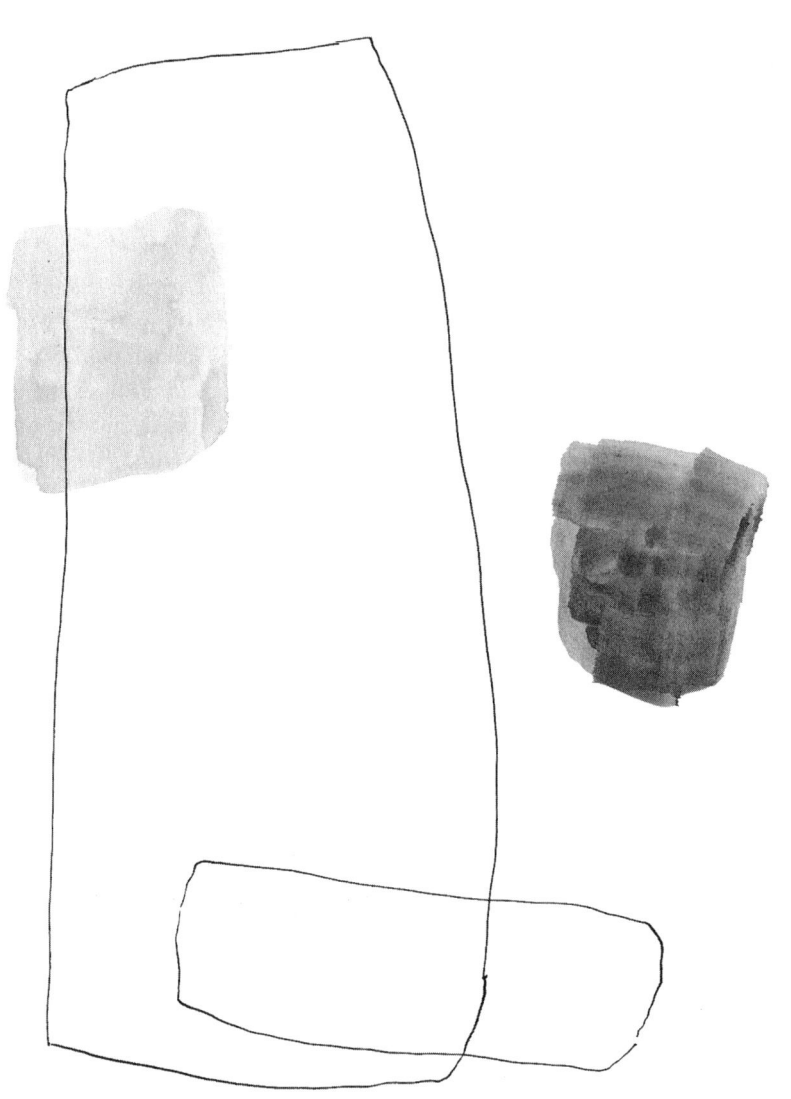

Heinz Hirdina

Natur im Design

Nichts ist natürlicher als das Einfache. Aber das Einfache ist nicht natürlich. 1981 beschrieb Kenji Ekuan, wie durch eine einfache Kreuzteilung im Makunouchi-bento Ordnung in eine Mahlzeit aus Fisch und Fleisch und Reis und Gemüse und Obst gebracht wird. Für ihn ist diese „Einfachheit des Komplexen" ein Grundmuster japanischer Kultur, „Ordnung und Genuß" miteinander zu verbinden, im Falle der flachen Speiseschachteln: „Weil die Japaner voller Begierde sind. Sie wollen alles. Bei einer einzigen Mahlzeit wünschen sie die Köstlichkeiten des Meeres und die des Gebirges zu schmecken." Das Picknick unter einem blühenden Kirschbaum soll nicht weniger bieten als die Genüsse einer reichgedeckten Tafel im Haus. „Man speist mit einem Freund und genießt das als einen im Leben einmaligen Augenblick." (1) So kommt der rechte Winkel in die Natur der Speisen und in die Natur der Landschaft.

1959 blickte Bernhard Rübenach aus den rechten Winkeln auf dem Ulmer Kuhberg, entdeckte „bäume, gras, wiesen, wolken, luft, berge, fluß, und er erschrak [...]: wie suspekt ist das alles, wie unordentlich, wie ungenau, wie plump, wie quallig, wie unfertig. [...] wohlverbrämte anarchie, dekoratives chaos. reizfossilien. und er sah die natur nur noch voller mißtrauen und ungeduld. [...] nur den rhythmus der kornstadel, die regelmässigkeit der obst-plantagen war er noch bereit zu akzeptieren.

hatte dort natur nicht vernunft angenommen? (2) Der Berichterstatter über die Hochschule für Gestaltung meinte wohl den Esel, als er den Sack schlug.

1927 schrieb Fritz Wichert, Direktor der städtischen Kunstschule in Frankfurt am Main: „Wie fangen die Stämme alter Apfelbäume an zu leben, wie fängt [!] Geäst und Gezweig an, zeichnerisch intensiv zu werden vor der Kantigkeit neuer Bauten, wie reich wird [!] Blattwerk und Blumengesträuch angesichts der lautlosen Flächigkeit dieses Stils." (3) Erst als Kontrast zu dem, was Wichert mit dem Neuen Bauen als Stil bezeichnete, steigerte sich der Naturgenuß des Interpreten.

Für Ettore Sottsass ist Natur ein Besichtigungsprogramm von Wüste, die kein Leben ermöglicht, elementare Naturgewalt, die es in Form von Blitzen, Bakterien und Katastrophen auf das menschliche Leben abgesehen hat, die Nacktheit junger Frauen, die als besserer Ersatz für kümmerliches Grün regelmäßig durch Arbeitsstätten flanieren sollten, und schließlich stellt sich der Meister ein Bett über kühlem Rinnsal in einer heißen Gegend vor. Um Natur zu genießen, begibt sich Sottsass in die Gefilde des ironisiert Touristischen, Erotischen und Exotischen einerseits und in die Metropolen andererseits, um dort vor der Natur Schutz zu finden.

Bauwerke und Gebrauchsgegenstände sind Artefakte, Folgen von Kultur, Ergebnisse von Architektur und Design. Mit der Natur haben sie eigentlich nichts zu tun, denn sie sind ihr gegenüber gerade das andere. Aber es ist schon erstaunlich, welche Rolle die Natur und das Natürliche seit der industriellen Revolution im räumlichen und gegenständlichen Gestalten immer wieder spielen. Natur ist dann göttliche Schöpfung oder Gegenstand biologischer Forschung, sie ist Gesetz oder bedeutet Leben, sie erscheint als Ideal oder ein Problem, sie ist eine Störung oder das Unberechenbare. Natur wirkt als

Form, von der man lernen soll, als Zusammenhang von Funktion und Form, der ewig ist, als Bedrohtes, das zu bewahren ist, als Bedrohung, vor der man sich durch Gestalten schützen kann, als Fremdes, das durch Transformation zu Eigenem wird, oder sie ist einfach Landschaft.

ORNAMENT

Für William Morris ist Natur Schönheit, und als Schönheit ist sie Ornament. Natur verbindet er mit künftigem Gestalten und mit seiner Gegenwart Umweltzerstörung durch Schmutz und häßliche Formen.

Während sich in häßlichen Formen Arbeitsteilung und Mechanisierung der Arbeit ausdrücken, sind

Schmutz für ihn der Rauch aus Schornsteinen, der die Natur vergiftet und vergraut, das in die Natur geworfene Butterbrotpapier – es hat im neunzehnten Jahrhundert offenbar eine ähnliche Rolle gespielt wie heute Bierdosen oder Joghurtbecher – und Schmutz sind schließlich auch blickverstellende Werbeplakate in der Landschaft, angesichts derer Morris fordert, nichts zu kaufen, was auf diese Weise angezeigt würde. In seinem ersten öffentlichen Vortrag, in „The lesser arts", den er 1877 über die dekorativen Künste vor Mitgliedern eines gewerkschaftlichen Arbeiterbildungsvereins gehalten hat, entwirft er das Bild einer Kunst, die „unsere Straßen so schön wie die Wälder und so erhebend wie die Berge machen" wird. (4) Natur kommt bei Morris in die niederen Künste als „jene wunderbaren komplizierten Muster [...], jene seltsamen Formen [...], an denen sich die Menschen so lange [bis zum Beginn der Renaissance, H. H.] erfreut haben." (5) Und die künftig wieder von Handwerkern hervorgebracht werden sollen. Natur kommt als schönes Bild zurück, aber nicht als schönes Bild durch Nachahmung, wie Morris betont, sondern als Freude an Formen, die unregelmäßiger, weil komplexer sind. Bei „ihrer Schöpfung wird der Handwerker dazu angeleitet, in derselben Weise zu wirken wie die Natur, bis das Gewebe, der Becher oder das Messer so natürlich, ja so schön aussieht [!] wie die Wiese, das Flußufer oder der Bergkiesel". (6)

Das Ineinanderschlingen von Formen, das man auch bei Morris Entwürfen für Tapeten und Stoffe sehen kann, soll im Betrachten ein Heilmittel gegen die abgestumpften Sinne und im Herstellen eine Alternative zu mechanischer Vereinfachung in der industriellen Produktion sein. Die Natur kehrt ins Entwerfen als Ornament zurück, aber im Ornament sieht Morris „die Gesetze der Natur, die auch die Gesetze der Kunst sind". (7) Natur ist für ihn ästhetisch Formenvielfalt im Ornamentalen und sozial eine Verbindung von entwerfendem und ausführendem Tun. Wie bei seinem Lehrer John Ruskin bestimmt beim einzig akzeptierten Ornament ein Meister den strukturellen Spielraum, den Gesellen so interpretieren, wie Musiker das Werk eines Komponisten. Dem entspricht der Sinn für Differenzen, nicht für die Serie und nicht für das Gleichartige, wie es später Walter Benjamin konstatieren wird.

FUNKTION

Von Morris gehen zwei Wege aus, der eine führt in die Ökologie, der andere zu Sullivans berühmt-berüchtigter Formel. An ihr interessiert hier weniger eine weitere Kritik als vielmehr das ihr zugrundeliegende Naturverständnis als Grundlage des Entwerfens. Gegenüber dem utopischen Sozialisten William Morris in England ist Louis H. Sullivan in Chicago ein amerikanischer Demokrat, den die Rückkehr zu mittelalterlichen Produktionsstrukturen nicht interessiert, sie stehen für Europa,

Tradition und Stil als drei Formen von Abhängigkeit. An die Stelle von Traditionsbezug tritt das Benennen neuartiger Bauaufgaben, zu denen das Bürohaus gehört. Er betont es in der Vertikalität seiner gestapelten Funktionen, die am Ende des neunzehnten Jahrhunderts den Terminus Hochhaus rechtfertigen, und er interpretiert dieses Bürohaus nicht mehr stilistisch als Säule mit Sockel, Schaft und Kapitell, sondern als eine Leistungsform, die einen inneren Prozeß ermöglicht und zur Stadt hin Beziehungen erlaubt. Daß gerade aus dem Interpretieren einer solchen Bauaufgabe die bekannte Formel gefiltert wird, liegt im Sullivanschen Verständnis der neuartigen Bauaufgabe als einem Problem, von dem er verallgemeinernd sagt, daß jedes Problem seine Lösung nicht nur in sich selbst trage, sondern sie auch andeute. Und: „Ich glaube daran, daß dies ein Naturgesetz ist." (8) Als Sullivan diesen für ihn naturgesetzlichen Zusammenhang ins Gestalthafte überträgt, setzt er für Problem den Begriff Funktion und für Lösung den Begriff Form, denn es ist erkennbar, „daß die Form immer der Funktion folgt", nachdem er unserem Auge den „im Flug gleitenden Adler, die geöffnete Apfelblüte, das schwer sich abmühende Lastpferd, den majestätischen Schwan, die weit ihre Äste breitende Eiche, den Grund des sich windenden Stroms, die ziehenden Wolken oder die über allem strahlende Sonne" vorgestellt hat. Funktion drückt sich bei ihm in Formen des Bewegens aus, des Gleitens, Öffnens, Sich-Abmühens, Ausbreitens, Windens, Ziehens und Strahlens: Immer geschieht etwas und ist nicht nur, einmal um etwas zu leisten und einmal um die Art zu erhalten, um Formen des Lebens reproduzieren zu können. So können Funktionsformen zwar räumlich interpretiert werden, aber sinnvoll sind sie bei Sullivan nur zeitlich mit dem Ablauf von Naturprozessen zu interpretieren. Daß die Formel für Sullivan von universeller Bedeutung ist,

zeigt der Kontext, in dem sie als „Gesetz aller organischen und anorganischen, aller physischen und meta-
physischen, aller menschlichen und übermenschlichen
Dinge, aller echten Manifestationen des Kopfes, des Herzens und der Seele" behauptet wird. (9)

Betont Sullivan mit der Natur die Ewigkeit eines
Funktion-Form-Zusammenhangs, betont er mit der
Kultur das Verhältnis von Problem und Problemlösung,
aber im Ganzen liegt in der Identität von Natur und Kultur eine naturalistische Auffassung von Gesellschaft, in
der es keine Geschichte gibt und wenn es eine gäbe, be-
stünde sie in einer darwinistischen Entwicklung zu zeit-
losen Bestformen am Ende von Geschichte. Man könnte es dabei und bei Sullivans Illusionen belassen, aber was
in der Formel geronnen ist, ist weniger das immer wieder unterstellte Zweckdenken, die Banalität einer Zweck-
Mittel-Relation aus der Feder eines pragmatischen Tech-
nokraten, sondern die Utopie einer Gesellschaft ohne
Distinktionsformen auf den drei Säulen Demokratie, Re-
ligion und Wissenschaft. Nach seinem Biographen Sher-
man Paul gefällt Sullivan der Gedanke von William James, dem Begründer der funktionalistischen Psychologie, der organische Druck schaffe den organischen Kanal.
Für Sullivan ist Funktion ein Druck, der nach Ausdruck
sucht, (10) und man fragt sich unwillkürlich, ob in der
Sprache lange vor Sullivan etwas geronnen sein könnte,
was erst er zu einem Credo gemacht hat.

Mit dem Ersetzen des Zweckbegriffs durch den
Funktionsbegriff schon fünfzig Jahre vor Sullivan durch
Horatio Greenough sind gegenüber den menschgesetz-
ten Zwecken als Ausdruck von Interessen und Zielen andere Relationen betont worden, die man mit Fortschritt
durch Rückkehr zu natürlichen Verhältnissen benennen
könnte, als Versuch einer Vermittlung zwischen kultu-
rellem Fortschreiten und natürlichen Kreisläufen: Natur

als Ideal und Vorbild, Kultur als Fortsetzung des Natur in der Gesellschaft. Auch Le Corbusier zentriert sechsundzwanzig Jahre später das funktionale Entwerfen um die Formulierung eines Problems, aber nicht um die Natur als Vorbild. Erst als man sich in der Sehnsucht wie ein Vogel zu fliegen vom Vogelflug als Modell befreite, gelang nach Le Corbusier durch „ein richtig gestelltes Problem" die Entwicklung tauglicher Flugapparate. „Wie ein Vogel zu fliegen, war eine falsche Problemstellung." (*11*) Das richtig gestellte Problem widerlegte bei Le Corbusier die Natur als Vorbild.

Es soll hier nicht weiter verfolgt werden, daß unabhängig von Sullivan – seine kritische Rezeption verbreitete sich in Europa wohl kaum vor den fünfziger Jahren – in der Avantgarde die Natur zentraler Bezugspunkt bleibt – nicht so sehr als reflektierter Kontrast zum Neuen Bauen und Gestalten (wie bei Fritz Wichert), sondern als naturwissenschaftliche Begründung des Entwurfs: „bauen ist ein biologischer vorgang. bauen ist kein ästhetischer Prozeß."(Hannes Meyer *12*). Wenig später verbinden sich in den USA strömungsgünstige Formen mit einer Mode, und im Faschismus verweist die Züchtung von Bestlösungen, wie schon Hans Scheerer 1975 gezeigt (*13*) hat, auf die Integration des Entwerfens in das rassistische Konzept von Formen der Auslese.

ENTLASTUNG

Wenn von Morris ein Weg in die Ökologie führen soll, kann er nicht an der Aufhebung von Arbeitsteilung vorbeiführen, am Ideal einer ausführenden Arbeit, die zumindest Spuren des Entwerfens einschließt, an Entwurfskompetenz als Voraussetzung für Freude an der Arbeit und als Grundlage gegenständlicher Schönheit. Morris wollte dazu zum Handwerk zurück.

Ein Jahrhundert später entwickeln Clauss Dietel und Lutz Rudolph ihr „offenes Prinzip" und realisieren es am konsequentesten 1974 am Mokick S 50 aus Suhl. (14) Das Mokick braucht Benzin, hat keinen Katalysator, und mit Müsli-Ästhetik hat es nichts zu tun, als Produkttyp hat es sich von der Natur entfernt, aber weil es transformierbar ist, erzeugt es weniger Müll und entlastet energetisch. Das liegt an seiner Struktur wie am Verständnis von Entwerfen und Produzieren, das diesem neuartigen Produkttyp zugrunde liegt. Strukturell vereinigt das Zweirad Bauteile und Baugruppen von potentiell unterschiedlicher Lebensdauer zwischen langlebig und modisch. Formal behalten diese Strukturelemente weitgehend ihre Autonomie, so daß weniger der Eindruck von Geschlossenheit, sondern eher von etwas Fragmentarischem, vielleicht sogar Provisorischem, auf jeden Fall Offenem entsteht.

Als produzierter Gegenstand beruht das Mokick S 50 auf industrieller Fertigung von Serien, handwerklicher Produktion von Kleinserien und dem individuellen Werkeln, Basteln oder Entwerfen von Unikaten, womit die Produktion in die Konsumtion hineinragt, Gebrauch gleichzeitig Produktion wird und die scharfen Grenzen von professioneller und dilettantischer Entwurfskompetenz aufgehoben sind.

Was gegenständlich bedeutet, daß auch andere scharfe Grenzen zwischen Gegensätzen aufgehoben sind: zwischen dem Dauern von Standards und dem modischen Verschleiß, zwischen dem Gleichartigen aus der Industrie und der Individualität eines Nutzers, zwischen planvollem Konstruieren und spielerischem Entwerfen, zwischen Elementen von Serie und Elementen des Unikatischen.

Wenn beim offenen Prinzip kontinuierliches Erneuern an die Stelle zyklischen Modellwechsels tritt, entfallen die Motive für komplettes Wegwerfen, und so könnte die ökologische Bedenklichkeit schwinden, mit der die Lust am Neuen konnotiert ist. Daß ein solch neuartiger Produkttyp in einem Meer von Diversifikationen (fast) allein geblieben ist, besagt nichts über seine Zukunftsfähigkeit. Gaetano Pesce wußte 1981 nichts vom offenen Prinzip, als er forderte „Wir müssen also überprüfen, welche Möglichkeiten es für eine Produktion von Objekten mit allen technologischen, wirtschaftlichen, zeitgemäßen Charakteristika, die typisch für die traditionelle Serienproduktion sind, gibt, die aber gleichzeitig den Objekten die Möglichkeit gibt, nicht so sehr das Kriterium der Gleichheit, sondern der Ähnlichkeit zu beachten. Das heißt, Faktoren in den Serienprozeß einzuführen, die dem Objekt einen Spielraum für formale Variationen lassen: größere Freiheit bei den dynamischen Merkmalen der verwendeten Materialien oder ein nicht programmiertes Eingreifen der Person, die bei der Fertigung tätig ist." (*15*)

Zum offenen Prinzip waren die beiden Designer durch das von Dietel formulierte Verständnis von Gebrauchspatina gekommen, über die Hoffnung auf Bionisches als dem Menschen, seiner Natur und Gesellschaft Gemäßes und über die konkrete These (in der von Dietel angezettelten sogenannten Gebrauchspatinadiskussion): „das gut Gestaltete vermag die Spuren des Nutzens und Brauchens [...] zu tragen. Sein Gestaltbild wird dadurch gesteigert, nicht aber gemindert." (*16*) An die Stelle des Fabrikneuen als Wert waren damit Wind und Wetter, Alter und Gebrauch als wertbildend gesetzt, Faktoren, die keinen Tauschwert schaffen, sondern an die Individualität des Benutzers gebunden bleiben: Asthetik individueller Aneignung gegen Warenästhetik.

Seit den siebziger Jahren hat es bekanntlich immer wieder Versuche gegeben, besonders durch Kunstflug, das Gealterte, Verbrauchte, Patinierte nicht zu vermüllen, sondern in den Entwurf zurückzuholen, was Bazon Brock auf die Formel gebracht hat, die Dinge müßten erst durch den Müll (oder das Museum) ehe sie überhaupt gestaltbar würden. Zu Beginn der neunziger Jahre gestaltete Tejo Remy seinen Sessel aus gebündelten und gepreßten Lumpen als Kritik exzessiven Konsums. Er wollte, so heißt es kommentierend, noch einmal wie Robinson beginnen, der sich mit dem am Leben hielt, was er finden konnte. (*17*) Robinson fand die Mittel zum Überleben in der Natur, Remy (und andere von Droog Design) finden sie im Abfall, aber sie verhindern damit den Abfall in der Natur. Wenn von Morris ein Weg in das Entwerfen angesichts einer als menschlicher Lebensbedingung bedrohten Natur führt, dann auch über Verzweigungen in die Prozesse zwischen Entwurf und Entsorgung: in den Entwurf als Intention von Recycling, Transformation oder behutsamer Erneuerung, in die Werkstoffe als deren Natürlichkeit oder Kennzeichnung, in die Produktionstechnologien als deren Entgiftung, in den Gebrauch als Transformation oder als zeitweise Verfügung über Dinge statt dauernder Verfügbarkeit durch Eigentum, in die Entsorgung als Stoffe, die umweltneutral sind oder als Dünger wirken, als solche, die getrennt werden und durch Wiederverwendung oder Wiedergewinnung Kreisläufe beschreiben können. Das Problem liegt im Verbinden der Wege, was denkbar, wohl aber nicht realisierbar ist, so bliebe die Annäherung der Wege als reale Aufgabe und das Denken ökologischen Designs als eine Vision: als Unterordnung der Reproduktion gegenständlicher und räumlicher Lebensbedingungen unter die Reproduktion von natürlichen Lebensbedingungen, was von der Möglichkeit ausginge, das Artensterben zu stoppen, nutzbares Wasser nicht weiter zu verknappen, weitere Bodenerosion zu verhindern, keine radioaktive Strahlung freizusetzen und natürliche Evolutionsprozesse nicht durch Genmanipulation zu entwerten, die Grenzen des Handelns dort zu ziehen, wo die Folgen für die natürlichen Lebensbedingungen irreparabel sind. Wenn das immer richtige Schlagwort vom notwendigen Wertewandel ernst gemeint wäre, könnte es nur ein Paradigmenwechsel mit anderen Zeithorizonten sein: nicht denen der Gewinnmaximierung, sondern der unendlich zu denkenden Abfolge von Generationen.

ZEICHEN

Was solchem Denken zugrunde liegt, ist immer noch das Bewußtsein natürlicher Abhängigkeiten mit dem Appell zu naturverträglichem Gestalten. In technologisch produzierten Naturformen weicht apokalyptisches Denken einer Faszination, die vom Verdichten, Steigern und Typisieren der Formen und Prozesse in der Natur ausgeht.

In solchen Verfahren wird Natur zu einem Zeichen von Natur. In Fujisawa, einer städtischen Gemeinde im Tokioter Ballungsgebiet, ist 1991 das Shonandai Bunka Senta, ein Kinder- und Bürgerzentrum, eingeweiht worden, das kulturelle Zentrum des Ortes. Von anderen als Zauberlandschaft oder als Spielzeugdorf auf dem Mond interpretiert, spricht seine Architektin Itsuko Hasegawa von einer künstlichen Landschaft und begreift Architektur als zweite Natur: Überall Bäume, metallisch in der Sonne glänzend, nicht als Imitationen, sondern als Zeichen von Bäumen, gebildet aus Rohr und Lochblech, Edelstahl, mit beweglichen Zweigen, akustisch auf den Wind reagierend oder als Uhr dienend, Bäume elektronisch gesteuert und mechanisch bewegt, nichts Zufälliges, sondern Typisches, Wachstumsformen in Metall, ebenso metallisch ein terrestrischer Globus, der eigentlich ein Planetarium ist, man geht an Japan vorbei, und unter dem frei schwebenden Südpol entspringt eine Quelle, aus der Quelle werden Rinnsal und Teich, die Uferränder wie bei einem Wildbach, aber aus Backstein, Hänge als künstliche Terrassen, die gleichzeitig Amphitheater sind, grasbewachsen, Hohlwege zwischen Glas und Stahl, eine Gratwanderung auf dem künstlichen Höhenzug, Weinranken über Edelstahl, die wie bei Morris ornamental verschlungen sind, auch richtiges Wasser, unter Decken und an den Wänden im Inneren Käfer und Schmetterlinge, riesige Insekten, aber glaubhaft. In Stahl dagegen nichts Unregelmäßiges, dafür zeichenhaft Prägnantes. Natur ist Design geworden, kein Grund mehr, aus der Stadt in die Natur zu flüchten, das Auto kann stehen bleiben: Ein japanischer Garten in Hochtechnologie, ein Schutzraum gegenüber der unberechenbaren Natur mit ihren Taifunen und Erdbeben. Eine faszinierende Landschaft aus Enge und Weite, aus Auf und Ab, mit Klängen und Geräuschen. Natur wird hier nicht mehr vermißt, Design ist besser.

1) Ekuan, Kenji: Ordnung und Genuß. In: form + zweck. Berlin 13(1981)4, S. 19ff.
2) Rübenach, Bernhard: Der rechte Winkel von Ulm. Hrsg. v. Bernd Meurer. Darmstadt 1987, S. 44f.
3) Wichert, Fritz: Architektonische Universalgestaltung und Heimatkunst. – Zitiert nach: Neues Bauen - Neues Gestalten. DAS NEUE FRANKFURT/die neue stadt. Eine Zeitschrift zwischen 1926 und 1933. Hrsg. v. Heinz Hirdina. Dresden 1984, S. 253
4) Morris, William: Die niederen Künste. Zitiert nach: Derselbe: Rot und Grün. Reden zur Revolution von Kunst und Gesellschaft. Hrsg. v. Manfred Pfister. Passau 1988, S. 47
5) Ebenda, S. 36
6) Ebenda
7) Morris, William: Kunst und die Schönheit der Erde. Vier Vorträge über Ästhetik. Hrsg. v. Jan Pätzold. Berlin 1986, S. 24

8) Zitiert nach: Sullivan, Louis H.: Das große Bürogebäude, künstlerisch betrachtet. In: Shernan Paul: Louis H. Sullivan. Ein amerikanischer Architekt und Denker. Berlin, Frankfurt/M, Wien 1963, S. 145

9) Ebenda, S. 148

10) Siehe: Ebenda, S. 90 u. 70

11) Le Corbusier 1922. Ausblick auf eine Architektur. Braunschweig, Wiesbaden 1982, S. 92

12) Meyer, Hannes: bauen. In: bauhaus. - Dessau 3(1928)4, S. 12

13) Siehe: Scheerer, Hans: Gestaltung im Dritten Reich (3). In: form. Opladen (1975)71, S. 30

14) Siehe: Dähn, Ewald, Clauss Dietel und Lutz Rudolph: Mokick S 50 oder Das offene Prinzip. In: form + zweck. Berlin 7(1975)5, S. 4ff.

15) Pesce, Gaetano: Der kollektive Schiffbruch. In: Design ist unsichtbar. Hrsg. v. Helmuth Gsöllpointner u.a. Wien, 1981, S. 303

16) Dietel, Clauss: Von den veredelnden Spuren des Nutzens oder Patina des Gebrauchs. In: form + zweck.– Berlin 5(1973)1, S. 39

17) Siehe: Droog Design. Spirit of the Nineties. Hrsg. v. Renny Ramakers und Gijs Bakker. Rotterdam: 010, 1998, S. 36

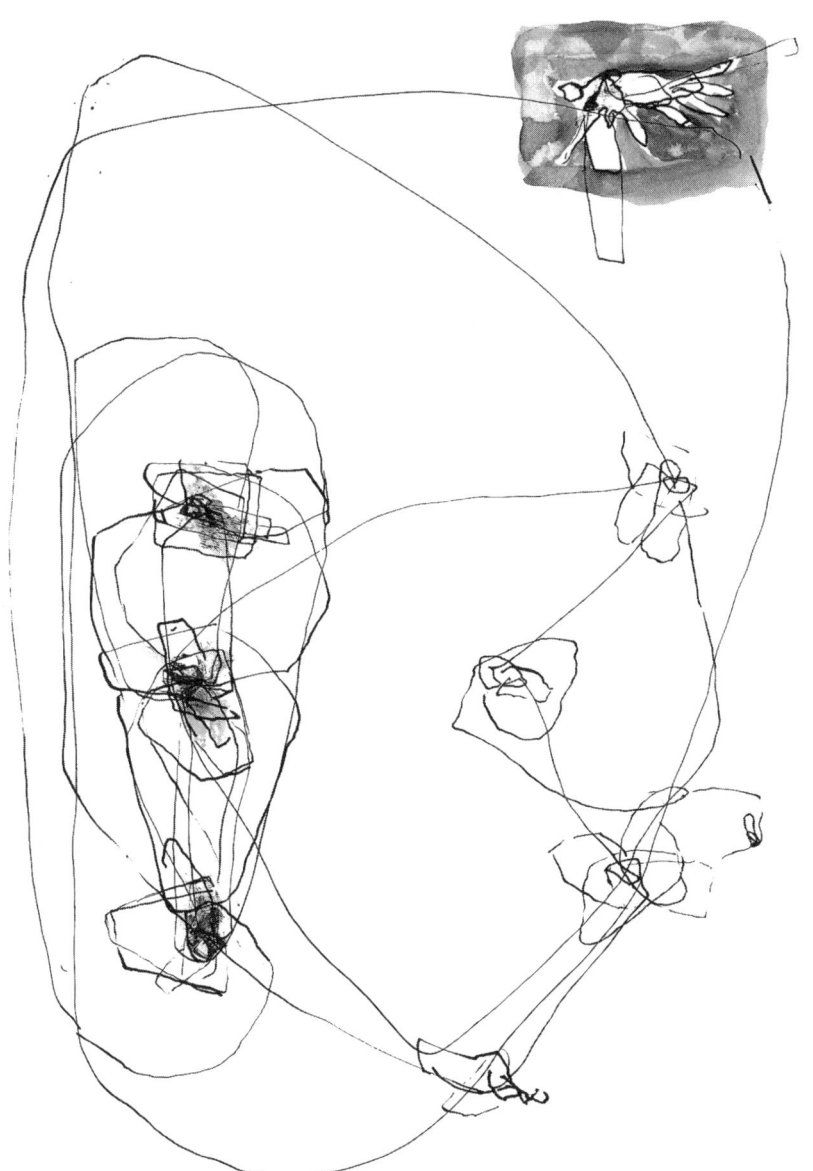

Alfred Hückler

**Formbildungszwänge
im Produktdesign**

Lesebuch für Designer

Offensichtlich wirken gestaltwirksame, unveränderbare Gegebenheiten (Invarianzen *1*) wie Gene bei der Formentwicklung. Solche Invarianzen entstehen wiederum außerhalb und innerhalb des Erzeugnisentwicklungsprozesses durch Entscheidungen über konkurrierende Zwänge zwischen formwirksamen Faktoren. Es sind immer Entscheidungen für Prioritäten, letztlich für die der Gebrauchsqualität der Erzeugnisform als Ganzes.

ENTSCHEIDEND GESTALTEN
GESTALTEND ENTSCHEIDEN

Die mehrsinnige, aber auch polarisierende Frage, ob „Form als Erstes oder als Letztes" im Entwurfsprozeß zu stehen habe, beschäftigte schon Anfang der dreißiger Jahre den Deutschen Werkbund nachhaltig. (2) „Form als Erstes", das hieß vor allem, eine vorgefaßte Formvorstellung durchzusetzen, die lediglich den unveränderbaren Gegebenheiten und Notwendigkeiten des zu gestaltenden Produktes anzupassen war. „Form als Letztes" bedeutete, die Form schließlich aus den unverrückbaren Anforderungen und Bedingungen an das geplante Erzeugnis und den daraus folgenden Lösungsmöglichkeiten heraus zu entwickeln. Extreme und gemäßigte Auslegungen dieser Positionen bestimmten die Erörterungen wie die gestalteten Ergebnisse, damals wie heute.

Kurzum: Die Auseinandersetzungen kreisen und kreisen zwischen beiden Polen der Ausgangsfrage: vom persönlich vorgeprägten, inszenierten Formwillen bis zur scheinbar zwangsläufigen (abgeleiteten) Formlösung „Form folgt Funktion" (Louis Sullivan).

Gegner und Verfechter dieses wohl seinerzeit häufigsten Leitsatzes übersahen, daß Sullivan die Funktion weiter faßte, als nur technisch: Er sah die Aufgabe des Gestalters darin, aus der Interpretation der Lebensform heraus initiativ zu werden. So meinte Sullivan eigentlich das, was Siegfried Maser viel später sagte: „Form folgt dem Leben". (3) Doch mehr als ein Bekenntnis ist das nicht. Erst wenn „Leben" oder Lebensbereiche als Funktion formuliert oder begriffen werden, noch praktischer, als (Geflecht von) Beziehungen zwischen Zuständen oder Ereignissen, läßt sich daraus eine entsprechende Form gründen: Formanlage folgt Beziehungen/Invarianzen.

Alfred Hückler
148 · 149

So reicht das Designer-Image vom medienwirksamen, weltverbessernden Design-Künstler bis zum ergebenen Formdienstleister. Nur geht das beides praktisch nicht. Es sind Zwänge, unter denen Erzeugnisentwicklungen betrieben werden müssen, neben den aufgeprägten, eingeprägt in der Erzeugnisentwicklung selbst, die vor allem in einem wechselseitigen Beziehungsgefüge nicht nur voneinander abhängig sind, sondern sich gegenseitig mitbestimmen. Wegen der Vielzahl und Vielfalt ihres Vorkommens sollen nur einige davon beim formentwickelnden Arbeitsteil des Design zeigen, wie das Arbeitsbild vom entscheidenden, weil gestaltenden Designer aussieht. Dieser Arbeitsteil besteht natürlich nur verbunden mit dem dafür nötigen Konzipieren der eine Lebensweise stützenden, Gebrauchsprobleme lösenden Produkte und Prozesse und dem Entwickeln von Lösungen und Bilden von Repertoires dafür.

Entwicklungsprozess
Formentwicklungsprozess

Bereits sich einander widersprechende oder gar ausschließende Forderungen einer gestellten Aufgabe sind beim konzeptionellen Präzisieren der Aufgabenstellung durch das Festlegen von Prioritäten auszubalancieren. Meist sind es Zielkonflikte, die so behoben werden müssen, um nicht im Ganzen und im Detail derartige Unentschiedenheiten sogar in der darauf basierenden Produktform erkennbar werden zu lassen.

Wie weit formwirksame Einflüsse bewirkend oder mitwirkend sind, hängt zuerst davon ab, von welcher Seite her der Anstoß kommt, ein gänzlich neues, „nur" verbessertes oder lediglich als Variante angepaßtes Erzeugnis zu gestalten. Der Entwicklungsanstoß setzt auch die Prioritäten in der Vorgehensrichtung innerhalb der Folge der Entwicklungszustände des Erzeugnisses anhand solcher Vorgaben, die gewissermaßen Startpunkte und dadurch Lösungsziele festsetzen. Ein Geradeaus-Marschieren von der Aufgabenstellung aus grundlegenden Bedürfnissen heraus über Funktionen dafür zur Form ist in den seltensten Fällen möglich. So wirken bereits gewisse Vorgaben an die Form rückwärts auf die Auswahl der Funktionsträger, mitunter darüber auch auf die Wahl von Mittel- und Zweckfunktionen bis hin zur Veränderung der ursprünglichen Aufgabenstellung. Zwischen der Aufgabe und der Form herrscht also auch ein demgemäßer gegenseitiger Bestimmungszwang.

Form als Funktionsträger

Bei allem, was Form ist oder sein kann, wie sie erklärt oder beschrieben wird, hier ist sie vor allem anderen wesentlich: Funktionsträger. Oder eher Funktionenträger, denn die Gesamtfunktion eines Erzeugnisses setzt sich aus Teilfunktionen zusammen, teilweise diese wiederum aus weiteren. Und für diese gibt es dann Funktionsträger, zuerst als Wirkeffekte der unterschiedlichsten Art, die dann auf bauliche Träger verteilt werden müssen, denn sie realisieren die Funktion erst wirklich. Die Teilfunktionen bilden durch geeignete Beziehungen untereinander eine Funktionsstruktur, welche die Gesamtfunktion erfüllt. (4) Die zugehörigen baulichen Funktionsträger sind zwar in einer vollständig funktionstragenden Baustruktur verbunden, diese ist aber in der Regel anders aufgebaut als die Funktionsstruktur.

Das ist deswegen so, weil Bauelemente mehrere funktionstragende oder Wirkeffekte tragende Eigenschaften besitzen.

Bis hierher, so kann man sagen, bestand der Entwicklungsvorgang im Auflösen eines innerlich unbestimmten, nur äußerlich bestimmten funktionalen Ganzen, hin zu einer bestimmten Vielfalt von zusammenhängenden baulichen Bestandteilen. Nun bedarf es ihrer Zusammenfassung zu einem bestmöglich funktionserfüllenden Ganzen, zur integrierenden Gesamtform. Hierbei kommen offensichtlich vorrangig zusammenfassende Kriterien zum Tragen ohne die erforderlichen Einzelleistungen zu beschädigen, wenn über Lösungseignungen entschieden werden muß. Anders als bei der zuerst beschriebenen Entwicklungsphase, schwergewichtig mit Einzelentscheidungen nach einzelnen Kriterien, stehen hier Entscheidungen im gegenseitigen Bestimmungszwang der formwirksamen Faktoren an, die den Vorgang der Integration formwirksamer Lösungsanteile aller Beteiligten begleitet.

Indessen wirken über alle Phasen der Produktentwicklung ständig zielorientierende Prinzipien bei allen Entscheidungen integrierend mit.

Aufgabengebunden, zusammengefaßt als „Gestaltungsziel", sind sie das konzeptionelle Resümee der präzisierten Aufgabenstellung.

Aufgabenübergreifend vertreten sie, weitgehend epochenstabil, allgemeine, wirtschaftliche und formale Gestaltungsmaximen im Rahmen der für die Auswahl der Aufgabe selbst angewandten Entscheidungshintergründe.

Die integrierende Gesamtform ist dann als Formprinzip die erweiterte invariante Formanlage für die weiteren Gestaltungsstufen: In der Grobform werden besonders die maßbestimmenden ergonomischen und belastungsmechanischen Formbedingungen zu erfüllen sein, mit der Feinform werden vor allem die sensuell anspruchsvollen Quantitäten/Qualitäten und mit ihnen die formsprachliche Präzision herausgearbeitet.

Auch formale Mißklänge, die unvermeidlich aus nicht hinreichend abgeglichenen Zulieferleistungen entstehen, Fremdleistungen im Entwurf gleichermaßen wie durch bezogene Bauelemente (Kaufteile) müssen durch die Integrationsleistung beim Formprinzip, der Grobform und beim Entwurfsfinish der Feinform behoben werden. Das heißt nicht, daß die kooperative Struktur des Entwurfs oder der Herstellung verwischt oder überhaupt verdeckt werden muß; gerade durch solche charakteristischen Spuren kann vielleicht eine ansonsten nivellierte Form Charakter zeigen, wie durch andere Merkmale der Herstellung auch.

Form als Funktionsträger. Das gilt in zwei Ansichten: Vom Entwurfszustand und vom wirklichen Gebrauch her gesehen, soll die Form die (Gesamt-)Funktion ermöglichen, wie sie vorgesehen war und für die sie folgerichtig entwickelt wurde.

Funktion ist eine Beziehung zwischen Zuständen, Ereignissen und Beziehungen. Es sind letztlich die nicht mehr auflösbaren Beziehungen im einzelnen, denen die Form folgen soll, die des Gebrauchers zum Erzeugnis und dem zugehörigen Prozeß, darüber zu anderen Menschen; dafür Zustände und Ereignisse und Beziehungen zwischen diesen, im und am Erzeugnis, zwischen Erzeugnissen sowie zwischen diesen und dem Umfeld und der Umwelt: Form folgt Beziehungen.

Umberto Eco erweiterte dies Anfang der siebziger Jahre: Die Form eines Erzeugnisses muß dessen Funktion nicht nur ermöglichen, sondern sogar wünschenswert machen. Sie muß den Gebraucher zu den Handlungen veranlassen, die am besten geeignet sind, die Funktion zu erfüllen. Ob sie das vermag, betrifft die zweite Ansicht. Da ist eine detektivische formsprachliche Entschlüsselung unzulässig, sondern plausible Codes und eine eindeutige Logik der Interpretation sind erforderlich, um das Erzeugnis typisch und exemplarisch samt seiner Gebrauchsweise bequem und sicher identifizieren zu können. Soll-Funktion und Ist-Funktion, ihr Verhältnis zueinander wird von der gegenständlichen Form im wirklichen Gebrauch bestimmt.

ERSTE PRIORITÄT: DER GEBRAUCH

Wenn ein Erzeugnis nicht gebraucht werden kann oder soll, weil es unverständlich oder sonstwie unzumutbar den Gebrauch be- oder gar verhindert, dann kann es auch nicht technisch funktionieren – es wird erst gar nicht in Betrieb gesetzt: Es gilt das Primat des Gebrauchs. In der Formgestaltungsphase tritt die Form als integrierender Funktionsträger in höherer Stufe auf, indem der Designer=Formgestalter alle formwirksamen Lösungsbeiträge der beteiligten Disziplinen in eine integrierende Gesamtform überführen muß. Hierin liegt ein gestalterisches Schlüsselproblem, nämlich, ob es gelingt, dafür eine angemessene und eigenartige Formlösung zu finden (oder nicht). Auch hier gilt: „Das Ganze ist mehr als die Summe seiner Teile." Diese „mehr" herauszufinden, ist die besondere Leistung, die von anderen Disziplinen professionell nicht erbracht werden kann. Es sind vor allem die Identifikationsqualitäten im Ganzen, so auch „das Typische" (5) und „Charakteristische", um das Produkt und seine Gebrauchsweise eindeutig zu erfassen und sich auch mit ihm identifizieren zu können. Damit verbunden ist stets eine spezifische „Formkultur". Sachliche Konflikte und Zeitverluste, auch mit großem wirtschaftlichem Schaden dadurch, lassen sich nur vermeiden, wenn dieser Vorgang der Integration vom Beginn der Erzeugnisentwicklung an betrieben wird und dann bei der „Übergestaltbildung" beinahe „wie von selbst" vonstatten gehen kann. Dann löst sich der Widerspruch zwischen der Form als Erstes und als Letztes auf.

Ersichtlich nimmt der vorherrschende Eindruck einer Gebrauchsform zu, indem durch Miniaturisierung und Leichtbau die Erzeugnisse auf die Grenzwerte handhabbarer Abmessungen zurückgehen. Umgekehrt bleibt die Gebrauchsform sekundär bei ausladenden und raumgreifenden Konstruktionen in großen Abmessungen. Wenn gar noch die charakterisierenden Merkmale aus der Herstellung erhalten bleiben, liegt kein vernünftiger Grund vor anzunehmen, daß alle Produkte zu streng quaderförmigen Kisten tendieren. Hier handelt es sich eher um Einfallslosigkeit oder formalistischen Minimalismus, nicht um Minimalformen funktionaler Herkunft und Notwendigkeit.

DAS GEBRAUCHSFORMPRINZIP ALS AUSWAHLKRITERIUM

Von besonderer Bedeutung für die Sinnfälligkeit der zu bildenden „Übergestalt" ist die Isomorphie (Formgleichheit) der semantischen Struktur (der Sinnform) des Gebrauchszusammenhanges mit der zu erfassenden Produktform in ihren Teilen und ihrer Gliederung. Unter dem „Primat des Gebrauchs" und praktisch heißt das dann, daß die Form des (oder eines) bestgeeigneten Gebrauchsprinzips als übergreifendes formliches Auswahlkriterium auf die Formvarianten zur Formanlage angewendet wird (als eine dem umfassenden Gebrauch angemessene formlich/gestalthafte Bestlösung, dem „Gebrauchsformprinzip"). Das kann soweit gehen, daß die zuzuordnenden technischen Lösungen mit dem nicht nur nicht kollidieren, sondern dazu und untereinander nach gemeinsamen Formmerkmalen ausgesucht werden (vorausgesetzt, sie sind technisch und technologisch in der dafür engsten Auswahl enthalten). Schon hierdurch ist der Grund gelegt für eine formale Prägnanz und Kompaktheit. Das betrifft nun keineswegs nur die äußere Hülle im Sinne des Interface, sondern bringt diese nicht nur mit der äußeren Beziehungsvielfalt, sondern auch mit der inneren, d.h. dem Innenaufbau in Einklang, der als Aggregatform genauso stringent zu entwickeln ist wie die Außenform und dadurch optimale bauliche Invarianzen aufweist. Nur pure Hüllengestalter glauben an das Ammenmärchen von der formlichen Armut funktional folgerichtiger Gestaltung.

Freiheit der Anordnung
Freiheit der Form

Die für den Gebraucher günstigsten Lagen der Gebrauchszonen, Betätigungs- und Meldeelemente am Erzeugnis und die einem technischen Prinzip (oder mehreren miteinander verbundenen) innewohnende Starrheit, dessen funktionstragende Bauelemente in ihrer Lage zueinander und zum räumlichen Bezugssystem des Erzeugnisses plazieren zu können, lassen der Wahl der konstruktiven Aufbaus, d. h. der Formanlage, und der auf sie aufbauenden, auch formsprachlich wirksamen Gesamtform wenig Freiheit. Umgekehrt können lagebestimmende Vorgaben an die Konstruktion und gut arrangierte Gebrauchslagen auf die Auswahl eines dafür räumlich kompatiblen technischen Prinzips entscheidend einwirken, eine Tatsache, die noch immer ungern zugestanden wird. Diese Bestimmungsrichtung wird im Bereich der häufig und vielfältig mit dem Menschen in Kontakt stehenden Erzeugnisse unausweichlich bedeutsamer werden. Hierin liegt auch der von der Nutzungsseite her objektive Zwang zur Verkleinerung und dem vor allem dadurch möglichen, räumlich flexiblen Dezentralisieren von Antrieben, Ein- und Ausgabeaufbereitungen, selbst bei noch mechanischen Systemen.

Bezeichnen

Leicht kann es zu einer unlösbaren gegenseitigen Überbestimmung der Vorgaben, Annahmen, Wünsche oder gar Festforderungen an die drei wesentlichen Einflußgrößen auf die innere Produktanordnung, seinem Formgerüst, kommen. Hier helfen nur Entscheidungen, d. h. Prioritäten setzen und festlegen, wo Abstriche gemacht werden müssen.

Im Produktdesign spielt zunächst nicht die monolithische Einzelform die erste Rolle, sondern, weil technische Erzeugnisse vorwiegend aus Einzelteilen und Baugruppen zusammengesetzt sind, die Aggregatform. Während die Einzelform durch die bündige Ganzgestalt wahrgenommen wird, dominiert eher das Anordnungsmuster bei dem Formaggregat in der Erscheinung. Sofern visuelle und taktile Brückenbildungen möglich sind oder die Einzelteile bündig anschließen, läßt die Aggregatform eine (virtuelle) Hüllform als gefügte Einzelform erkennen. Damit werden bei einem Aggregat die Bauelemente zu Morphemen der Hüllform. Die bemerkenswerteste Folge für den gestalterischen Bestimmungszwang ist die gegenseitige, fallweise bedingte Lageabhängigkeit jeder einzelnen Auflösungs- oder Aufbaustufe. Jede Aggregationsstufe hat ihre eigenen Kriterien der Gestaltbildung, ihre eigene Formanlage, und diese beruhen vornehmlich auf in jeder Aufbaustufe nach oben hin jeweils hinzukommenden Bestimmungszwängen. Eine das Aggregat umschließende stoffliche Hülle macht dieses zur Einzelform. Dieses Erzeugnis bildet dann wieder mit anderen Über-Aggregate. Die gehäuselose Bauweise hat in vielen Fällen aber deutliche Vorteile. Es wäre gefährlich, die Existenz umschließender Gesamtgehäuse als grundsätzliche Gegebenheit für Erzeugnisformen anzunehmen und gar darauf eine Designausbildung aufzubauen, die kein Verständnis für den Aufbau technischer Gebilde benötigen würde!

Der form- oder gestaltbildende Zusammenhang zwischen Einzel- und Aggregatform wird wechselseitig durch die Lage einer niederen in einer höheren Baustufe bestimmt, vom Partikel im Einzelteil bis zu einem Gerät in einem dicht gepackten Geräteensemble. Geometrische Gestalt, Abmessungen und Lage eines Einzelteils sind bereits nicht unabhängig voneinander wählbar.

Setzen wir immer eine gleiche Beanspruchung und höchste Wirtschaftlichkeit des Bauteils voraus, dann kann man sagen: Verschiedene Werkstoffe für die gleiche Aufgabe erfordern verschiedene Abmessungen, mit richtungsabhängigen Eigenschaften sogar verschiedene Gestalt. Verschieden gewählte Gestalten ziehen unterschiedliche Abmessungen (Maximalmaße) nach sich, falls der gleiche Werkstoff zugrunde gelegt wird. Fest vorgegebene Abmessungen können nur bei bestimmten Werkstoffeigenschaften und einer dafür geeigneten Gestalt eingehalten werden. Die geometrische Gestalt und die Abmessungen werden durch die Lage des Einzelteils in der Baugruppe mitbestimmt; das Anordnungsmuster und die Hüllform der Baugruppe durch die Lage des Einzelteils in ihr. Auf den Werkstoff des Einzelteils hat dessen Lage im Aggregat insofern einen Einfluß, als die Funktionsleistungen des Werkstoffs etwa durch Wärme oder Magnetfelder anderer Bauelemente verändert werden können. Die dadurch ausgelöste Wärmedehnung des Einzelteils wirkt mit mechanischer Spannung auf den einschließenden Teileverband zurück. Daraus wird auch in der speziellen Betrachtung klar: Auf keinen Fall können alle Bestimmungsgrößen vorgegeben werden, die Wechselbeziehung wäre überbestimmt, eine Seite zumindest könnte nicht wunschgemäß realisiert werden.

FORMANLAGE

Aus der gebrauchsbezogenen (ergonomischen) und damit übereinstimmenden technischen Bestlösung entsteht die designorientierte Formanlage als die dafür optimierte Anordnung und Ausdehnung der Bestandteile. Die Formanlage ist somit als „geometrischer Keim" (geometrisch verschlüsselter genetischer Code) die invariante Grundlage aller dafür möglichen, in sich anordnungs-

günstigsten Formvarianten. Sie entsteht in zwei Arbeits-
schritten und besteht in zwei Stufen.

Die anzuordnenden Bestandteile stehen als konsti-
tuierende Formelemente (unverzichtbare, gegebene oder
bestgeeignete geometrische Elemente, Morpheme, Wirk-
flächen, Einzelteile, Baugruppen ...) in funktionell und
baulich notwendigen Beziehungen zueinander, woraus
sich ihre Lagezuordnung als topologisches Gebilde, d.h.
als rein nachbarschaftlich geprägte Struktur ergibt. Diese
Beziehungen sind gleich oder unterschiedlich intensiv
nach (sinnhafter) Bedeutung, Stärke und Häufigkeit.
Diese Beziehungsintensitäten stellen eine Rangfolge der
Abstände her, bestimmen also die unterschiedliche Nähe
der Formelemente ohne die Nachbarschaften zu verändern.

So entsteht zuerst die (topologisch-hierarchische)
nachbarschaftsinvariante Formanlage.

Im zweiten Schritt muß die nur nachbarschaftlich bestimmte Formanlage in eine räumlich bestimmte Lage
überführt (transformiert, eingepaßt, fixiert – angeordnet)
werden, die Lagezuordnung in eine maßlich bestimmte
Anordnung.

Es sind räumliche Bestwerte aus verschiedenen, miteinander abgestimmten (optimierten) Bestlösungen, innerhalb eines dafür zuständigen räumlichen Bezugssy-
stems, in die hinein diese Überführung vorgenommen
werden muß.

So entsteht die anordnungsinvariante Formanlage.
Diese ist der Ausgangspunkt für das konkrete Gestalten
der Form (der jeweiligen Baustufe).

Dieses Herausbilden einer Formanlage ist gleichermaßen für die Formentwicklung von Einzelteilen oder
Baugruppen, Geräten, Anlagen, Ensembles, für monolithische Formen wie für Aggregate, zutreffend: die Morpheme sind beim Einzelteil gleichermaßen Formelemen-

te, welche, angeordnet, dessen geometrische Gestalt ergeben wie die Einzelteile im Aggregat (in der Baugruppe) angeordnet, dessen Anordnungsmuster und gegebenenfalls dessen Hüllform.

Die hier beschriebene Formanlage ist die jeweils günstigste (optimale) Lösung. Sie begründet eine Minimalform von der Anordnung her. Damit ist keineswegs garantiert, daß alle daraus entwickelten Formlösungen ebenfalls Bestlösungen sein müssen oder gar können, schon wegen der Formbildung in Baustufen; ohne solche Formanlage sind sie es aber garantiert nicht.

Zwei Tatsachen sind besonders zu beachten: Ändern sich die Bewertungen (Entscheidungen!) der Beziehungen zwischen den Formelementen, d. h. die Beziehungsintensitäten, ändert sich die Rangfolge der Abstände; einige Formelemente rücken zusammen, andere entfernen sich: Das führt mit den konkreten Formen der Formelemente (s. o.) trotz bleibender topologischer Nachbarschaft zu mitunter stark unterschiedlichen Ausgangsformen der Formanlage, besonders im Hinblick auf die maßlich-räumliche Fixierung dieser Elemente. Als zweites ist zu bemerken, falls, vielleicht aus dem eben Gesagten folgend, die anordnungsinvariante Formanlage einer, wie auch immer begründeten Zielvorstellung zur integrierenden Gesamtform entgegensteht, bereits hier, im Keimstadium der Form, rückwirkend Beziehungen gewechselt, umbewertet oder Formelemente selbst verändert werden müssen.

DAS PLASTISCHE GRUNDGESETZ

Die durch die Formanlage fixierten geometrischen Formelemente (Morpheme) müssen nun, vermittelt durch Übergangsflächen oder, einander durchdringend, mittels verbindender Kanten in ein zusammenhängendes

(Ober-) Flächengebilde überführt werden. Es ist der geometrisch beschreibbare, sinnlich wahrnehmbare Zustandsbestandteil „Plastik" einer Erzeugnisform.

Jedes Produkt als Einzelform, ob monolithisch oder als Hüllform/Verbindungsform eines Aggregats, wirkt vorherrschend über seine „plastischen" Qualitäten.

Als „Plastik" soll, geometrisch betrachtet, jedes glatt oder über Ecken und Kanten gekrümmte Flächengebilde im Raum gelten; die Krümmungsverhältnisse im Ganzen, wie in den Flächenteilen als „plastisch".

Selbst ohne Werkstoff und die einzelnen Abmessungen besteht allein innerhalb der „Plastik" einer Einzelteilform ein unausweichlicher, gegenseitiger Bestimmungszwang der konstituierenden (Ober-)Flächenteile (Morpheme).

Das „Plastische Grundgesetz" beruht auf dem Satz von Gauß-Bonnet für unberandete (blasenartige), glatte (Ober-)Flächen. Danach entsprechen die Punkt für Punkt und kreuzweise zur Gesamtkrümmung aufsummierten Krümmungen einer Fläche ihrem Geschlecht, d.h. der Wert der Gesamtkrümmung entspricht unveränderlich der Anzahl randloser Löcher dieser Fläche. Die Kugelfläche ist demnach vom Geschlecht $L = 0$, der Torus vom Geschlecht $L = 1$, die Zweiloch-Brezel hat $L = 2$ usw. Nun gilt auch, auf nichtglatte Flächen mit Rändern hypothetisch angewandt:

Die Anzahl der Ecken, Kanten, Flächen(-bereiche), Ränder und randlosen Löcher samt ihren Krümmungscharakteristiken können nur innerhalb einer ehernen Bilanz, entsprechend dem Geschlecht der Form(-oberfläche), existieren: Sowohl die Anzahl der Bestimmungsstücke (Morpheme) für sich wie deren Krümmungseigenschaften stehen im gegenseitigen Bestimmungszwang; nicht eines davon kann gewählt werden, ohne die anderen Beteiligten zu beeinflussen oder von den anderen abhängig zu sein. Es gibt keine Freiheit der Wahl plastischer Mittel ohne gegenseitige Beschränkung, deren Strenge um so deutlicher wird, je weniger Bestimmungsstücke (Elemente, Morpheme) eingesetzt werden.

Dieses nicht nur theoretisch, sondern auch praktisch zu begreifen (im eigentlichen Sinn des Wortes), gehört zu den grundlegenden professionellen Erfahrungen im plastischen Gestalten. Die Ergebnisse werden um so prägnanter und sogar ästhetisch überzeugender, je weniger Formelemente (Morpheme) und Krümmungswechsel vorkommen. Werden die Krümmungsverläufe der Ecken (Spitzen, Nabel) und Kanten (Grate, Furchen) vorgegeben, dann ergeben sich unbeeinflußbar die Krümmungen der Flächen; umgekehrt müssen Korrekturen an diesen Ecken und Kanten durchgeführt werden, wenn doch die Fläche in ihrem Krümmungscharakter unveränderlich vorgegeben wird.

Es zeigt sich, daß neben der Wahl der Morpheme im gegenseitigen Bestimmungszwang allein die Proportionen als gestalterische Freiheit durch Dehnen und Stauchen des Flächengebildes verbleiben.

Sensuelles Repertoire

Nach all diesen zwangvollen Schritten der Form, es sind nicht alle, erhofft oder vermutet der unbelastete Leser sicher das von solchen Pressionen freie, unbeschwerte Gestalten wenigsten im Formalästhetischen zu finden. Mitnichten. Wir wissen, wie wuchernde Reizentfaltung durch Ordnung gedämpft, zur gebrauchswürdigen Form kultiviert werden muß. Die Einschränkung von Freiheit bei der Reizbildung beginnt schon am Anfang seiner Entfaltung überhaupt.

Setzen wir einen Punkt in eine durch eine bestimmte Umgrenzung gegebene Fläche, dann können wir dies nicht frei tun, ohne unbefriedigt zu sein (frei nach 6). Allein dieser eine Punkt teilt die Fläche in solche Gebiete, die in einem Verhältnis zueinander stehen, die diesen Punkt in seiner Feldwirkung entschieden oder unentschieden in seiner Lage zur Fläche aus erscheinen lassen, im stabilen, labilen oder in keinem Gleichgewicht der Spannungen, die in unserer Empfindung dadurch ausgelöst werden. Vielmehr werden wir den Punkt an solchen Stellen befestigen, in denen er unserer Empfindung nach, bezogen auf den Rahmen, „einrastet". Das ändert sich sofort, wenn wir diesen Rahmen als das jeweilige Bezugssystem der Wahrnehmung verändern. Wollen wir nun einen zweiten Punkt hinzusetzen, dann richten wir es so ein, daß seine Lage ebenfalls eine stabile Raststelle ergibt, nun aber abhängig nicht nur vom Rahmen, sondern auch vom ersten Punkt. Nicht selten zwingen die gestalterischen Bedingungen den Gestalter sogar rückwirkend, die Lage des ersten Punktes zu verändern, um einen befriedigenden Gesamteindruck zu erreichen. Korrekturen dieser Art sind gerade bei simultaner Darbietung typisch, da allein dadurch entstehende Wahrnehmungsverzerrungen möglich werden (etwa als die sogenannten „optischen Täuschungen").

Das hierbei wechselweise und schrittweise Vorgehen, man sagt iteratives Gestalten (Entscheiden!) dazu, ist schlechtweg kennzeichnend für wahrnehmungsgerechtes Gestalten, was um so langwieriger wird, je vielfältiger und verwickelter die Wahrnehmungselemente sind, aus denen heraus die Gestalt zu formieren ist.

Wir wissen natürlich, daß das konkrete Design-Repertoire als der Vorrat an Gestaltungsmitteln zuerst und zuletzt durch technologisch bestimmte materielle Träger gegeben ist. Doch zum Herausbilden der Produktsprache können wir die sensuell wirksamen Eigenschaften (s.a. 7) davon als das spezielle Design-Repertoire abheben. Es besteht aus Formelementen der Wahrnehmung (zur Reizung), aus Bedeutungsgestalten und Ordnungsmitteln oder -verfahren. Die Besonderheit dieses Repertoires, etwa im Unterschied zu der unserer Umgangssprache, besteht nun darin, daß diese drei Mittel in jeweils bestimmten Gestaltungszusammenhängen untereinander in ihrer Wirkung ausgetauscht werden können:

Reizelemente können zu Bedeutungsgestalten werden, eine bestimmte Ordnung der Reizmittel kann selbst zum eigentümlichen Reizmittel werden, aber eine bestimmte Ordnung kann auch zur Bedeutungsgestalt werden, und eine Bedeutungsgestalt kann natürlich Reizmittel sein. Ich kann mit dem Reiz ordnen, mit der Ordnung bedeuten usw. Zum Beispiel kann dasselbe Rot als Reizmittel einen Gestaltkomplex erst formalästhetisch interessant machen, es kann aber auch als Bedeutungsgestalt Zeichen für Gefahr oder Wärme sein, und dieses Rot kann als Ordnungsmittel verwandt werden, um einem unausgeglichenen Farbgefüge eine ausgewogene Wirkung zu verschaffen. Interessant sind auch die Beziehungen zwischen den Repertoireteilen: Aus dem Verhältnis zwischen Reiz und Ordnung entsteht die formalästhetische Wirkung oder Information, aus der Beziehung der Bedeutungsgestalten zu einer sie stützenden Ordnung wird die Verständlichkeit gefördert, und Reizung und Bedeutungsgestalt beeinflussen miteinander die Intensität der Wahrnehmung. Aber auch das ist abhängig vom Gestaltungszusammenhang. So ist die gestalterische Praxis.

Weil das so ist, und weil das auf alle Arten von Formelementen, also auch auf die plastischen zutrifft, ist das Gestalten in unserem Metier nicht von vornherein in eindeutigen Zuordnungen von Form und Funktion zu fassen. Ich muß mich als Gestalter entscheiden, auf welche Wirkung hin ich die sensuellen Mittel selektiere, formiere

und dimensioniere, oder ob ich alles unentschieden wirken lassen will, mehrdeutig, ambivalent, entscheiden für
Design oder für Kunst.

Alfred Hückler

1) Hückler, Alfred: Design ohne Formgestaltung? Invarianzen,
Vortrag, Internationales Design Colloquium „Vom Bauhaus zum
Denkhaus". Bergische Universität Wuppertal 2.12.1998
2) Schmidt, Walther: Um die Herkunft der Form. Die Form Heft
1/1931
3) Maser, Siegfried: Erscheinung und Qualität der Produkte...
Vortrag an der UIAH, Helsinki 1992
4) Krause, Werner (Hrsg.): Gerätekonstruktion 3. Auflage. München 1999
5) Bachmayer, Horst, Klaus Lehmann, Otto Sudrow: Das Typische als Gestaltungsziel. Beiträge zur Geschichte der Staatlichen
Akademie der bildenden Künste Stuttgart SAbK Stuttgart 1980
6) Arnheim, Rudolf: Kunst und Sehen. Berlin 1965
7) Ginnow-Merkert, Hartmut: Beyond the Visual form diskurs
1 I/1995

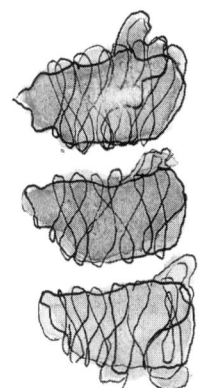

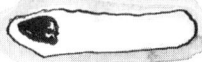

Heiner Imkamp

Gebrauchswert und gestalterische Qualität
auf Konsumgütermärkten
Vorläufige Schlußfolgerungen aus einer
laufenden Konsumentenstudie

EINE VOLKSWIRTSCHAFTLICHE AUSGANGSFRAGE

Warum spiegeln Preisunterschiede zwischen Konkurrenzfabrikaten kaum die Qualitätsunterschiede wider, die zwischen diesen Fabrikaten bestehen? Warum können qualitativ hochwertige Güter manchmal zu einem vergleichsweise günstigen Preis erworben werden, qualitativ minderwertige Güter dagegen manchmal sogar längerfristig einen relativ hohen Preis auf dem Markt erzielen?

Hinter dieser volkswirtschaftlichen Fragestellung steckt ein Widerspruch, der sich aus einer bestimmten theoretischen Erwartung auf der einen Seite und zahlreichen empirischen Marktbeobachtungen auf der anderen ergibt.

Nach der theoretischen Erwartung führt das freie Spiel von Angebot und Nachfrage dazu, daß ein Anbieter für ein hochwertiges Produkt einen relativ hohen Preis erzielen kann, wogegen ein Anbieter eines schlechteren Produktes für dieses nur einen geringeren Preis erhalten wird. Der Wettbewerb führt demnach dazu, daß der Markt schlechte Qualität nur mit niedrigen Preisen, gute Qualität dagegen mit hohen Preisen honoriert; er wird damit eine relativ enge Korrelation zwischen Produktqualität und Produktpreis bewirken.

Ganz im Gegensatz zu dieser Erwartung steht eine Fülle von empirischen Marktbeobachtungen, die in den vergangenen Jahrzehnten in vielen Ländern angestellt worden sind (zusammenfassend Geistfeld, 1988). Die folgenden deutschen Befunde sind typisch für die Ergebnisse dieser internationalen Studien: Bei einer Untersuchung von mehr als viertausend Einzelprodukten aus zweihundertneunundsechzig Warengruppen (Diller, 1977; 1988) wurde wiederholt eine so geringe Beziehung zwischen Preis und Qualität gefunden, daß sich die statistische Verrechnung dieser Daten (zum Determinationsmaß von 0.04) inhaltlich folgendermaßen interpretieren läßt: Über alle untersuchten Konsumgüter hinweg beruhen Preisunterschiede zwischen Konkurrenzfabrikaten durchschnittlich zu bestenfalls vier Prozent auf Qualitäts-Unterschieden – sechsundneunzig Prozent der Preisunterschiede haben also andere Ursachen als solche der Qualität.

Solche Ergebnisse sind im Sinne der genannten Erwartung über die Wirkung des Wettbewerbs völlig unbefriedigend.

ZWEI MÖGLICHE ERKLÄRUNGEN

Aus diesen Befunden können zwei unterschiedliche Schlußfolgerungen gezogen werden. Nach der einen versagt der Wettbewerb, weil er auf Konsumgütermärkten höherwertige Qualität nicht – quasi automatisch – mit höheren Preisen belohnt und minderwertige Qualität nicht mit niedrigeren Preisen bestraft. Nach der anderen funktioniert der Marktmechanismus dagegen sehr wohl im erwarteten Sinne, aber in den emprischen Marktanalysen stecken methodische Unzulänglichkeiten und gedankliche Fehler. Insbesondere das Konzept, nach dem die Produktqualität gemessen wird, ist unzweckmäßig und führt zu Fehlschlüssen (Ratchford & Gupta, 1990).

Ich neige zunächst der zweiten Schlußfolgerung zu und gehe ihr zur Zeit in einer Reihe von produktbezogenen Interviews nach, die ich gemeinsam mit einigen Studenten durchführe. Die folgenden Bemerkungen beruhen auf Vorüberlegungen zu diesen Interviews und auf den bisher vorliegende Ergebnissen.

Produktqualität = Abschneiden im vergleichenden Warentest?

Die zitierten Marktanalysen verwenden als Maß für die Qualität eines Produktes fast immer sein Abschneiden im vergleichenden Warentest. In Deutschland ist das das Gesamturteil der Stiftung Warentest, bei dem Produktbewertungen – ähnlich wie Schulnoten – zwischen „sehr gut" und „mangelhaft" vergeben werden.

Ich will keineswegs diese Form der Qualitätsmessung, für die sich eine sehr qualifizierte und seriöse Methodik entwickelt hat, kritisieren – im Gegenteil! – wohl aber möchte ich bezweifeln, daß die im Warentest gemessene Qualität von Produkten tatsächlich verhaltensrelevant für die Kaufentscheidung von Konsumenten ist. Der Qualitätsbegriff des vergleichenden Warentests konzentriert sich hauptsächlich auf technische und substanzbezogene Aspekte von Produkten und damit auf die „technische Qualität". Was die Prüfprogramme des vergleichenden Warentests erfassen, wird häufig mit „Gebrauchstauglichkeit", „Funktionstüchtigkeit" oder „Nutzwert" umschrieben – also mit spröden Begriffen. Gar nicht dagegen interessiert sich der Warentest etwa für das „Produktaussehen", die „Produktattraktivität", die „Produktausstrahlung" oder gar die „Produktschönheit", also für Eigenschaften eines Produktes, die dem Konsumenten mitunter außerordentlich wichtig sind.

In den zitierten Untersuchungen ignoriert die Gleichsetzung der Produktqualität mit den technischfunktionalen Aspekten weitgehend die bisher vorliegenden empirischen Erkenntnisse der Konsumforschung über die Bedeutung der über das Funktionale hinausgehenden Produkteigenschaften für die Kaufentscheidung und das Produkterleben.

Wir haben in unserer Reihe von Produktinterviews versucht, von den befragten Konsumenten selbst angeben zu lassen, welche Bedeutung das Image einer Produktmarke und das Produkt-Äußere für ihren eigenen Umgang mit käuflichen Gegenständen haben.

Unsere Methode des Produkt-Interviews

An manchen Untersuchungen der Konsumforschung stört uns, daß sie das Verhalten von Konsumenten und deren innere Beweggründe nur von außen her diagnostizieren, ohne daß die betroffenen Personen die Gelegenheit bekämen, diese Diagnose zu überprüfen und innerlich akzeptieren zu können. Die Interpretation wird dem Verhalten gewissermaßen übergestülpt, sogar dann, wenn die betroffenen Personen diese Interpretation weit von sich weisen würden, wenn sie sie erfahren würden.

Ein solches Vorgehen mag für bestimmte wissenschaftliche Forschungsvorhaben angemessen sein. Wir setzen ihm aber ein anderes Vorgehen entgegen. Wenn es um Produkteigenschaften geht, die für Konsumenten verhaltens- und erlebnisrelevant sind, halten wir es für unabdingbar, nur zu solchen Interpretationen und Schlußfolgerungen zu gelangen, die den betroffenen Personen selbst bewußt (geworden) sind und von ihnen voll akzeptiert werden. Wir würden einem Konsumenten also beispielsweise nur dann ein Prestige-Motiv oder ein Ersatz-Bedürfnis unterstellen, wenn diese Interpretation von ihm selbst voll und ganz mitgetragen wird – und sei es auch erst nach reiflicher Überlegung. Dieses Vorgehen führt zwar in der Regel nicht zu so spekulativ–interessanten Verhaltensinterpretationen, aber wir halten es für aussagekräftiger und vor allem für fairer gegenüber den untersuchten Personen. Wir nehmen auch einen zusätzlichen Zeitaufwand in Kauf, der dadurch entsteht, daß die Interviews etwas eingehender sein müssen, weil sie den befragten Personen auch Anlaß und Gelegenheit zur Selbstreflektion bieten müssen.

UNTERSCHIEDE IM UMGANG MIT DEM PRODUKT-ÄUSSEREN

In unserer Interview-Reihe sollen ca. vier- bis fünfhundert Konsumenten Auskünfte zu ca. einhundert verschiedenen Produkten erbringen. Dieses Vorhaben ist bislang lediglich zu einem starken Drittel realisiert. Strikte Schlußfolgerungen sind also noch nicht möglich. Lasse ich zudem einmal den wichtigen Aspekt der Wirkungen von Image-Komponenten beiseite und konzentriere mich statt dessen auf Aspekte des sinnlich wahrnehmbaren Produkt-Äußeren, so können schon aus den bislang vorliegenden Daten einige Schlußfolgerungen gezogen werden, die uns vorläufig dazu geführt haben, vier verschiedene Verhaltenstypen von Konsumenten beim Umgang mit dem Produkt-Äußeren zu unterscheiden.

1. Es gibt – entgegen unseren Erwartungen – offenbar tatsächlich einen nennenswerten Teil von Konsumenten, der sich, zumindest bei manchen Produkten, vorwiegend auf den nüchternen technischen Aspekt der Gebrauchstauglichkeit konzentriert. Für solche Personen soll beispielsweise ein Bügeleisen tatsächlich einfach nur gut bügeln, ein elektrischer Rasierapparat glatt rasieren oder eine Kaffeemaschine aromatischen Kaffee zubereiten. Das Aussehen solcher Gegenstände spielt bei

ihnen nach eigenem Bekunden keine Rolle. Wir nennen sie salopp die Gruppe der „Design-Muffel".

2. Dieser Gruppe steht eine zahlenmäßig wahrscheinlich größere Gruppe von Konsumenten gegenüber, denen bei vielen Produkten bestimmte optisch, haptisch oder akustisch wahrnehmbare Eigenschaften des Produkt-Äußeren wichtig sind. Etwa das schwarze Gehäuse einer Kaffeemaschine, die Noppen am Elektrorasierer oder die Leichtigkeit der Form eines Bügeleisens.

Es sind Konsumenten, denen es nicht um „Design-Orientierung" im derzeit populären Sinne geht, sondern um bestimmte, nicht beliebige Formen. Zwar empfinden sie diese Formen in der Regel nicht als „gut" oder „gültig", auch nicht als „aktuell" oder gar als „geil" oder „hip", sondern eher als „angenehm", „gewohnt", „passend", „für mich richtig", „handlich" und nur, wenn es hoch kommt, mal als „schön". Sie mögen das gemütliche Aussehen einer kupfernen Bettflasche im Unterschied zu einem Modell aus Gummi oder schätzen an ihrem Telefon-Modell, daß sich der Hörer so bequem wieder auflegen läßt, weil er in die dafür vorgesehenen Mulden fast hineinflutscht. Material und Form von Gegenständen spielen also eine Rolle – aber gewissermaßen keine spektakuläre Hauptrolle, sondern nur eine wichtige Nebenrolle. Genannt werden solche Eigenschaften häufig bei Gegenständen, die eher dem anonymen Design zuzurechnen sind. Wir sprechen deshalb vorläufig von „Liebhabern des anonymen Designs".

3. Bei einer kleineren Zahl von Produkten und bei bestimmten Konsumenten läßt sich ein dritter Typ unterscheiden. Bei ihm wird das Produkt-Äußere ganz bewußt zu einem erstrangigen Kriterium. Produkte werden gezielt danach ausgewählt und miteinander kombiniert, wie sie aussehen und zueinander passen, wobei dieses

Aussehen schon fast instrumental eingesetzt wird zur Gestaltung einer bestimmten individuellen Umgebung. Die betroffenen Konsumenten stimmen zu, wenn man diese Umgebung als „zu ihnen gehörig", als privates Rückzugsreservat, auch als Hilfe zur Erreichung von innerer Erholung oder Stabilität und manchmal sogar als Bestandteil ihrer Persönlichkeit deutet. Letzteres liegt immer dann nahe, wenn ein Gegenstand einer Person schon so „ans Herz gewachsen" ist, daß er zum integrativen Bestandteil des eigenen Selbst geworden ist. Weil Gegenstände in diesem Sinne – soziologisch gesprochen – schon fast der Identitätsbestimmung und der Selbstanreicherung des einzelnen dienen (vgl. den Sammelband über Produktkulturen von Eisendle & Miklautz, 1992), sprechen wir salopp von „Selbstausschmückern".

4. Wenn es nicht nur darum geht, mit Hilfe des Produkt-Äußeren die eigene private Umgebung oder das eigene Selbst anzureichern, sondern auch darum, mit Hilfe dieser Produkte anderen Menschen gegenüber etwas mitzuteilen, etwas zu demonstrieren, und damit das Produkt-Äußere als bedeutungshaltiges Signal für andere zu benutzen, haben wir es mit einem vierten Verhaltenstyp zu tun. Bei ihm finden wir in den Interviews – allerdings in wesentlich einfacheren Worten – ungefähr das wieder, was in der Literatur (zusammenfassend Friese, 1999) gemeint ist, wenn Produkte als Kommunikatoren, als Symbolträger oder Bedeutungsvermittler bezeichnet werden, die zeigen sollen, wem oder was man sich zugehörig fühlt oder von wem oder was man sich abgrenzen möchte, vor allem aber, wer man ist und wofür man steht. Wir nennen diesen Typ kurz die „Design-Kommunizierer".

Besonders auffällig wird die Dominanz des Produkt-Äußeren bei beiden, den Selbstausschmückern und den Design-Kommunizierern, wenn ein Gebrauchsgegenstand fast nur noch wegen seiner äußeren Erscheinung und gar nicht mehr wegen seiner eigentlichen Funktion benutzt wird, wenn beispielsweise ein für Gasherde gedachter italienischer Wasserkessel auch eine Küche „ziert", in der es nur einen Elekroherd gibt. Es sind gerade solche Beispiele, bei denen recht häufig der Begriff Design-Objekt fällt und bei denen berühmte und klangvolle Namen genannt werden.

Etwas Weiteres fällt uns bei beiden Typen auf. Wir finden gegentlich den Hinweis, daß das als gut empfundene Design Priorität vor anderen Produkteigenschaften auch insofern genießt, da häufig die Bereitschaft besteht, für das angestrebte „Mehr" an Design auch ein „Mehr" an Preis zu bezahlen. In einer Anschlußstudie wollen wir deshalb anhand ausgewählter Produkte, die sich in der jetzigen Untersuchung als geeignet erweisen (z. B. Fernsehgeräte, Haushalts- und Küchenausstattung, Sanitär-Armaturen, oder Handschreibgeräte), versuchen, das durch das Produkt-Aussehen bewirkte Mehr an Zahlungsbereitschaft zu erheben und den Wert dessen in Geldeinheiten auszudrücken, was Konsumenten für gutes Design halten.

Was sie übrigens für gutes Design halten, sehen sie offenbar nicht immer als mit dem Produkt in einer ganzheitlichen Weise verbunden an, sondern eher als ein Produktattribut von vielen, das herstellungstechnisch ebenso manipuliert werden kann, wie etwa der Fettgehalt im Joghurt, der Lichtschutzfaktor in der Sonnenmilch oder das künstliche Fleischaroma in einer Tütensuppe. Wir nennen das die Sichtweise vom Design als Ingredienz, von dem ein Produkt, je nach Aussehen, nach Meinung der Konsumenten eine Dosis mehr oder weniger mitbekommen haben kann.

Noch eine methodische Bemerkung. Es mag sein, daß wir bei einer breiter werdenden Datengrundlage unsere Typologie differenzieren müssen. Auf jeden Fall aber sollten wir die Typologie richtig verwenden: Sie ist trotz unserer saloppen Bezeichnungen keine reine Typologie von Konsumenten, auch keine Typologie von Produkten, sondern eine Typologie von Sicht- und Verhaltensweisen, die durch eine Konsument-Produkt-Beziehung definiert werden. Es gibt, was den Umgang mit dem Produkt-Äußeren betrifft, psychologisch gesprochen, nicht nur interindividuelle Unterschiede (Herr Müller verhält sich anders als Frau Maier), sondern auch intraindividuelle Unterschiede (Herr Müller verhält sich bei Radio- und Fernsehgeräten anders als bei Geschirr und Besteck). Unsere Typologie vergleicht, bildlich gesprochen, die Art und Weise, wie sich Herr Müller bei Fernsehgeräten verhält, mit der, wie sich Frau Maier bei Geschirr und Besteck verhält. Abstrakt gesprochen, kombiniert sie den

Gesichtspunkt der Varianz über Personen hinweg mit dem der Varianz über Produkte hinweg. Wir sind gespannt, ob sich dieser methodische Weg als fruchtbar erweist.

Als Quintessenz können wir auf jeden Fall festhalten, daß die Reaktionen von Konsumenten auf ein und dasselbe Produkt sehr unterschiedlich ausfallen können, je nachdem, wie – und wie stark – sie das Aussehen dieses Produkts bewerten. Noch größer sind diese Unterschiede, wenn Produkte von gleicher Gebrauchsqualität, aber unterschiedlicher Gestaltung angeboten werden. Die große Bedeutung des Produkt-Äußeren läßt es geradezu naiv erscheinen zu erwarten, daß sich die Preisbildung auf Märkten vorrangig oder gar ausschließlich an der Gebrauchsqualität orientiert.

FÖRDERT DER MARKT DIE „GUTE FORM" ?

Wenn somit neben der Gebrauchsqualität auch die Gestaltungsqualität von Produkten für das Marktgeschehen von so großer Bedeutung ist, kann man sich doch fragen, ob das Wettbewerbs- und Marktprinzip die gute Form gegenüber der weniger guten unterstützt oder fördert.

Man wird diese Frage wohl eher mit nein beantworten müssen. Eine qualitätsfördernde Wirkung des Wettbewerbs wird sich eher auf den Bereich der technischen Qualität von Produkten beschränken und sich nicht auch auf den der Gestaltungsqualität erstrecken. Technische Gebrauchsqualität läßt sich leichter – vielleicht sogar objektiv – definieren und bestimmen. Über sie läßt sich auch unter Konsumenten mit ausgeprägt unterschiedlichen Präferenzen relativ leicht Einigkeit erzielen. Wenn es dagegen darum geht, die Qualität der Gestaltung allgemein verbindlich zu bestimmen, gerät man sicherlich in Teufels Küche.

Es steht einem Sozialwissenschaftler eigentlich nicht an, sich über Fragen der Definition von Gestaltungsqualität zu äußern. Dennoch möchte ich zwei gegensätzliche begriffliche Umschreibungen guter Gestaltungsqualität einander gegenüberstellen. Die eine ist eine demokratische Umschreibung, nach der gestalterisch gut ist, was jeder einzelne für sich als gut empfindet. Ihr läßt sich eine elitäre gegenüberstellen, nach der gestalterisch gut ist, was nach dem Konsens von Experten oder Eliten als gut erkannt oder definiert worden ist oder gewissermaßen „ex cathedra" verkündet worden ist.

Die zweite Definition ist wichtig und sicher auch unentbehrlich, wenn es um die Entstehung anerkannter kultureller gestalterischer Leistungen geht. Dennoch gehört meine Sympathie der ersten, der demokratischen Definition. Dabei kann ich damit leben, daß die Formgebung bei Gegenständen unserer käuflichen Umgebung nicht nur von stilsicheren Ästheten und erfahrenen Designern mitbestimmt wird, sondern ebenso auch von harmlosen Spießbürgern oder unsensiblen Banausen.

Faßt man die Mitbestimmungsmöglichkeiten von Konsumenten über die formale Gestaltung von Produkten als ein demokratisches System auf, so gilt auch für dieses System etwas Ähnliches wie für das politische demokratische System. Auch im politischen System leben wir damit, daß etwa über die Zusammensetzung des Deutschen Bundestages keineswegs nur politisch aufgeklärte Geister und weitsichtige Bildungsbürger bestimmen, sondern ebenso auch Neurotiker, Begriffsstutzige oder Vorbestrafte.

Dieses Stimmrecht für alle verhindert aber gerade nicht, daß im politischen System einflußreiche politische Eliten entstehen. Das Wechselspiel zwischen den Machtgelüsten dieser Eliten, also von wenigen, auf der einen Seite und der demokratischen Einflußnahme und Kontrolle durch viele auf der anderen, ist im politischen Bereich manchmal sehr spannend. Vielleicht gibt es dieses Wechselspiel auch im gestalterischen Bereich. Vielleicht gibt es, wenn schon keine Machtgelüste, so doch den Gestaltungswillen und das Streben nach prägendem Einfluß durch Designer-Eliten oder Design-Päpste, denen die vielfältigen formalen Vorlieben des gewöhnlichen Volkes, des Stimmvolkes, gegenüberstehen. Dieses Wechselspiel mag zwar im gestalterischen Bereich nicht so spektakulär sein wie in politischen Systemen, aber es ist bestimmt ebenso delikat, zumal aus ihm vielfach ein Erziehungsauftrag an die Eliten abgleitet wird – gegenüber einem Volk, dessen Formempfinden dann als ebenso beeinflußbar und schulungsbedürftig angesehen wird wie sein Wissens- und Bildungsstand.

Der Marktmechanismus dient diesem Erziehungsauftrag wohl nicht, denn er ist dem demokratischen Prinzip zweifellos stärker verbunden als dem elitären Prinzip. Jeder einzelne selbst kann die Gestaltung der Produkte seiner käuflichen Umwelt durch seine Kaufentscheidung mit beeinflussen – und in einem demokratischen Wirtschaftssystem soll er das auch können! Die besondere Leistungsfähigkeit des Marktprinzips kann folglich nicht darin liegen, daß eine einzige bestimmte Form der Gestaltung, die gute Form, gefördert wird, sondern vielmehr darin, daß die vielfältigen Präferenzen aller Konsumenten für beliebig viele Gestaltungsvarianten durch ein Güterangebot befriedigt werden, das genauso vielfältig und ausdifferenziert ist wie diese Präferenzen selbst.

Zurück zur Ausgangsfrage

Der Markt dient also nicht einem einzigen, dem „guten" Geschmack, sondern er befriedigt sehr viele „Geschmäcker" und dient somit potentiell allen Geschmäckern. Akzeptiert man diese unübertroffene Leistungsfähigkeit des Marktes gegenüber anderen Versorgungssystemen wie der Planwirtschaft, so ergibt sich auch eine Antwort auf die eingangs gestellte volkswirtschaftliche Frage. Angesichts der angestellten Überlegungen wäre es nicht nur verwunderlich, wenn Preisunterschiede auf Märkten Unterschiede nur in der technischen Qualität widerspiegeln würden. Viel mehr sollten die Preisunterschiede die vielfältigen Präferenz- und Geschmacksunterschiede zwischen den Konsumenten widerspiegeln.

Nicht die bisherigen Antworten auf unsere Ausgangsfrage sind also falsch. Es ist diese Frage selbst, die falsch gestellt wird.

Diller, H.: Der Preis als Qualitätsindikator. In: Die Betriebswirtschaft, 1977, 37, 219-234.
Diller, H.: Die Preis-Qualitäts-Korrelation von Konsumgütern im 10-Jahresvergleich. In: Die Betriebswirtschaft, 1988, 48, 1

Eisendle, R., E. Miklautz (Hrsg.): Produktkulturen. Dynamik und Bedeutungswandel des Konsums. Frankfurt 1992

Friese, S.: Self-concept and identity in a consumer society: Aspects of symbolic product meaning. Stuttgart 1999, Universität Hohenheim. Unveröffentlichte Dissertation.

Geistfeld, L.: The price quality relationship: The evidence we have, the evidence we need. In: E.S. Maynes and the ACCI Reseach Committee (Hrsg.). In: The frontier of research in the consumer interest, 1988, S. 143-171.

Ratchford, B.T., P. Gupta: On the interpretation of price-quality relations. In: Journal of Consumer Policy, 1990, 15, 275-293.

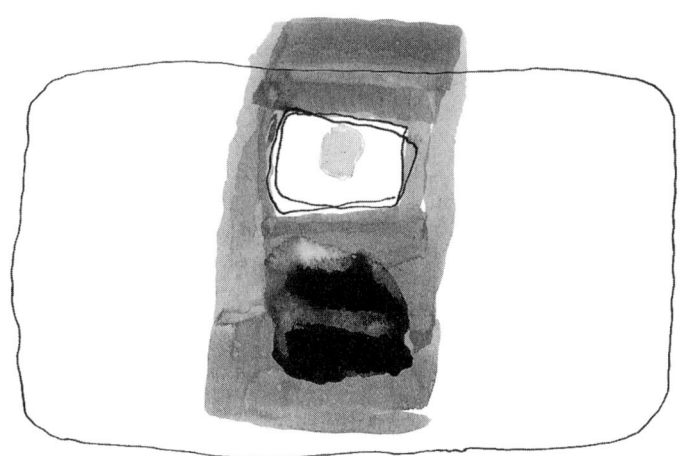

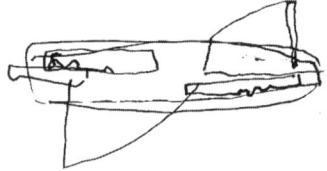

Michael Andritzky

Wohnen – wo die Dinge zu Hause sind
Einige anthropologische Grundfragen des Wohnens

Betrachtet man das Wohnen der Gegenwart über einen längeren Zeitraum hinweg, so scheint es eine im Vergleich zur Wandlungsgeschwindigkeit der Gesellschaft eigenartige Beharrungskraft und Konstanz zu besitzen, wie sie sonst nur für traditionell ausgerichtete Kulturen typisch ist. Schaut man sich die Entwicklung in den letzten fünfzig Jahren an, dann haben sich zwar die Möbelstile, die jeweils als modern galten, geändert, und die Wohnungen sind größer geworden, aber die Wohnfunktionen – sich entspannen, kommunizieren, essen, schlafen – sind gleich geblieben. Zwar gibt es ungewöhnliche Grundrißlösungen, von der Norm abweichende Zuschnitte, Luxus vielfältiger Art, aber auf die Breite gesehen, ist alles beim alten geblieben.

Auch wenn die Messen jedes Jahr neue Möbel vorstellen und die Wahlmöglichkeiten bis hin zur Unübersichtlichkeit gewachsen sind, so finden wir doch immer noch das Altdeutsche, die neo-barocke Polstermöbelgruppe, die funktionale Einbauküche sowie, als stabiles Marktsegment, fünf bis sieben Prozent klassische Moderne – wie vor zwanzig Jahren.

Diese „Immobilität des Möbels" wirkt um so erstaunlicher, je näher wir uns mit dem technischen und sozialen Wandel der Zeit von 1945 bis heute beschäftigen. Denn hier kam es zu Veränderungen, deren Ausmaß einmalig in der Menschheitsgeschichte ist. Ein besonders guter Indikator für die Wandlungsgeschwindigkeit und Steigerung des materiellen Wohlstands ist die Kurve des Energieverbrauchs und damit des Verbrauchs fossiler Ressourcen.

Das moderne Wohnen hat an dieser Entwicklung großen Anteil, werden doch immerhin etwa achtundzwanzig Prozent der gesamten Primärenergie im häuslichen Bereich – vor allem für das Heizen – verbraucht. Das Haus ist Quelle und Ziel der privaten Mobilität und der Ort, wo die Mehrzahl aller Güter und Dienstleistungen in Anspruch genommen werden. Kritiker haben das Haus deshalb als eine Art „Black Box" bezeichnet, in die man vorne wertvolle, hochveredelte Produkte hineinsteckt und aus der hinten Müll und nutzlose Wärme herauskommen. Das Haus als Werte-Konverter und Müllmaschine – diese Problematik ist freilich wenigen bewußt.

Wachsender Wohlstand, große Einkommenszuwächse sowie Steigerung von Komfort und Wohnflächenverbrauch (gegenwärtig circa neununddreißig Quadratmeter pro Person im Durchschnitt) sind die Voraussetzungen für die heutige Individualisierung der Lebensstile. Die meisten von uns leben in einem rund um die Uhr warmen, an Ver- und Entsorgungssysteme angeschlossenen Haus mit eigenem Auto, allgemeiner Renten- und Krankenversicherung, Fernreisen, Satellitenfernsehen und vielem anderen mehr. Dies wäre vor hundert Jahren noch nicht einmal eine reale Utopie gewesen, sondern schlicht ein Traum. Daran ist zu erinnern, wenn beispielsweise heute von einer „neuen Bescheidenheit" geredet wird, die besonders den Wohnstil betrifft. Sie entpuppt sich bei näherem Hinsehen als ein besonders raffiniert getarntes Luxusphänomen unter dem Motto „weniger ist mehr". Gert Selle kommentiert das mit Bezug auf eine winterliche Trekking-Tour in die kanadische

Wildnis so: „In die Kälte geht freilich nur, wer es zu Hause warm hat. Einschränken kann sich nur, wer Überfluß empfindet. Das Einfache kann nur erstrebenswert erscheinen, wo Kompliziertheit herrscht."

Erste Anzeichen einer Konsummüdigkeit sind freilich unübersehbar. Untersuchungen zufolge hat fast jeder zweite Amerikaner in den vergangenen Jahren versucht oder zumindest daran gedacht, dem über hundert Jahre alten Rat von Henry David Thoreau zu folgen: „Beschränke dich auf das Wesentliche." Denn dreiundvierzig Prozent aller Erwachsenen in Amerika klagen über Symptome von „burn out": Schlaflosigkeit, Migräne, Magenbeschwerden, Depressionen, vor allem verursacht durch Streß. Der Traum vom Aussteigen und ruhiger Leben, auch wenn ihn wenige verwirklichen, ist jedenfalls weit verbreitet.

Kommen wir zu der eigentümlichen Dialektik zwischen Teilhabe am allgemeinen gesellschaftlichen Wandel und seinen retardierenden Seiten zurück. Diese Dialektik entfaltete sich erst richtig ab den sechziger/siebziger Jahren mit der Entwicklung des Massenwohlstands und einer langen Periode des äußeren Friedens. Das Bedürfnis nach Konstanz, nach bleibenden Werten und die Orientierung am Gewohnten scheinen um so ausgeprägter zu sein, je schneller der gesellschaftliche Wandel vonstatten geht.

In einer immer älter werdenden Gesellschaft mit einem Sockel dauerhafter Arbeitslosigkeit und einer sich zunehmend öffnenden Schere zwischen Armut und Reichtum wird die Anzahl derer, die das Tempo nicht mithalten können oder wollen, immer größer. Für sie bietet die eigene Wohnung oder das eigene Haus subjektive Gewähr, in seinen Mauern Richtung, Geschwindigkeit und Rhythmus des Lebens wenigstens ein Stück weit noch selbst steuern zu können.

Wie eingeschränkt diese Möglichkeiten de facto sein mögen, das Wohnen bleibt in einer durch Gesetze und Normen, Straßenverkehrsordnungen, Ladenschlußzeiten, allgemeine Geschäftsbedingungen und Tarifverträge geregelten und computergesteuerten Welt eine der letzten Stätten relativer Autonomie. Der Hausfrieden, den zu brechen strafbar ist, genießt den Schutz des Gesetzes, und die Tür, die man hinter sich zumacht, öffnet ein kleines Reich der Freiheit. Wie man sich einrichtet in den eigenen vier Wänden, wie man hier lebt, mit welchen Dingen man sich umgibt, ist zumindest der öffentlichen Kontrolle entzogen. Das ist der eigentliche Grund für das „Weiter wohnen wie gewohnt!".

Die Wohnung ist ein Puffer, den viele Menschen brauchen, um sich dem geforderten Wandel stellen zu können. „Das Haus", sagt Günther Uhlig, „ist tiefsitzendes Symbol, Vermittlung von innen und außen, von Nest und Kosmos, das der Mensch meistens nach der Seite der Geborgenheit schließt, seltener nach der Seite der Wanderschaft aufbricht. So ist es aus dem Fahrwasser des Modernisierungsstromes herausgenommen und ändert seine Grundstruktur nur in langen Zeiträumen."

Es ist offenbar ein Grundbedürfnis, so Joachim Brech, in einer verläßlichen, vorhersagbaren Welt zu leben, in der nicht alles immer wieder aufs neue geregelt werden muß, sondern in der es eine Ordnung in Form von Verhaltens-, Routine- und Zeitstrukturen sowie verläßliche Sozialkontakte gibt. Hinzu kommt eine emotionale Seite: Der Mensch möchte seine Identität sichern. Trotz vieler, ständig wechselnder Rollen und unterschiedlicher Lebensphasen, die er durchläuft, hat der Mensch das Bestreben, sich als gleichbleibend und identisch zu fühlen. Ein Mensch, der ständig woanders lebt, kann sich nicht verorten und verwurzeln. Gerade in einer hochmobilen Gesellschaft ist das aber ein wichtiger Aspekt. Deshalb ändert sich das Wohnen nur langsam. Wo man sich auch im Dunkeln zurechtfinden möchte, müssen die Dinge ihren gewohnten Platz haben.

Odo Marquard hat gezeigt, daß dies nichts mit Nostalgie oder restaurativem Gedankengut zu tun hat, sondern ganz im Gegenteil in der Dialektik des Fortschritts selbst begründet ist. Die modelne Welt beginnt nach Marquard dort, wo der Mensch aus seinen Traditionen heraustritt, wo sich seine Zukunft von seiner Herkunft emanzipiert. Wissenschaft, Technik, Wirtschaft und Informationsmedien arbeiten prinzipiell traditionsneutral. Dieser zivilisatorische Entwicklungsprozeß hat dem Menschen unbestreitbare Vorteile gebracht.

Wie kommt es nun, daß man zufrieden in seinem Wesen wohnt? Kinder bis zu einem gewissen Alter tun es von selbst, solange eine sanfte Hand und eine volle Brust für neue Ergänzung sorgen. Dieses zufriedene Wohnen im eigenen Sein geht zu Ende, wenn die fürsorglichen Stützen ermüden und sich das bis dahin bescheidene ganze Selbst langweilig wird. Dann merkt es, daß einem bescheidenen Ruhen im kleinen Wunschkreis seiner selbst die maßlose Spirale einer Welt entspricht. Mit einem ersten Griff nach einem bunten Glitzerstück greift es nach dem Teil des Schicksals, der, kaum ergriffen, schon nach seiner Ergänzung ruft. So nimmt das Wachstum seinen Lauf. Es wächst die Erkenntnis, daß in der Wahrheit der Welt größere Wonnen zu bewohnen sind, als man sie in der engen Wiege sich wünschen konnte. Aber, bevor man die Wonne mit bebendem Wesen erreicht, muß man sie erst gewinnen und, Hand aufs Herz, hätte man von diesem Haken vorher gewußt, hätte man die Geburt, womöglich verweigert." (Michael Depner)

Die Wonne des Wohnens als eines Geborgenseins im Heim beschreibt auch John Ruskin (1819-1900): „Darin besteht die wahre Natur des Heims – es ist der Ort des

Friedens: Die Zuflucht, nicht vor aller Verletzung, sondern vor allem Schrecken, allem Zweifel, aller Zwietracht. Wenn es dies nicht ist, dann ist es kein Heim; wenn die Ängste des äußeren Lebens eindringen, wenn Mann oder Frau die wankelmütige, lieblose, feindselige Gesellschaft über die Schwelle lassen, dann hört es auf, Heim zu sein; dann ist es nur noch ein überdachter Teil der äußeren Welt, in dem man ein Feuer entzündet hat."

Die Entwicklungslinie dieses um den Begriff Heimat kreisenden Gedankenguts reicht über Ernst Blochs Definition der Architektur als eines „Produktionsversuchs menschlicher Heimat", Alexander Mitscherlichs Philippika gegen die „Unwirtlichkeit der Städte" bis zum modischen Schlagwort des „cocooning", mit dem Ende der achtziger Jahre die amerikanische Marktforscherin Faith Popcorn einen neuen Trend – „Zurück ins Heim" - ausgemacht hat. Der plastische Begriff „cocooning" bezieht sich auf eine zunehmende Zahl von Menschen, die vor der kalten Welt in ihre vier Wände flüchten und sich hier regelrecht einspinnen. „Wahrnehmbar war der Trend zum Kokon in den USA zunächst bei den Gutbetuchten Anfang der neunziger Jahre, als Sozialforscher in der Gesellschaft verstärkt Tendenzen zur 'Entsolidarisierung' und speziell in der Yuppie Generation einen 'neuen' und ausgeprägte 'Outfit Orientierung' ausmachten. Dabei gerät auch die Wohnung zum Objekt des Selbst-Styling." (Jochen Bolsche)

Ausschlafen, ausspannen, faulenzen, zur Ruhe finden und in Ruhe gelassen werden, aber auch häusliches Tätigsein, das ist es, was die Menschen in ihrem Kokon wollen. Diesem Trend entspricht auch die Beliebtheit des Heimwerkens. Sechzig Milliarden Mark geben die Deutschen jährlich für Selbstgebasteltes aus. Dabei geht es oft weniger um den praktischen Nutzen als um das „selbsttätig sein" an sich.

Inwieweit das „cocooning", wie Kritiker fürchten, das Gemeinschaftsgefühl und den Sinn für das Gemeinwohl aushöhlt oder ob es eine Folge sozialer Erosionsprozesse ist, muß offenbleiben; auch sind Art und Ausmaß des „cocooning" in Deutschland wenig erforscht. Gleichfalls nicht eindeutig belegbar ist die These, daß außerhäusliche Beschäftigungen und Erlebnisse zunehmend durch virtuelle Phantasiereisen an der häuslichen Medienfront ersetzt werden. Einige Zahlen geben allerdings zu denken: „Schon heute hat jeder sechzehnjährige durchschnittlich rund achttausendfünfhundert Stunden am Fernseher absolviert und dabei einige tausendmal der virtuellen Tötung von Menschen beigewohnt. Charakteristisch für den Typ des elektronisch berieselten Stubenhockers sei, so haben Jugendforscher herausgefunden, eine Überstimulierung der Sinne bei Unterentwicklung motorischer, haptischer und emotionaler Bedürfnisse." (Jochen Bölsche)

Personale Bindungen sind heute seltener das Ergebnis guter nachbarlicher Beziehung, sondern streuen heute weit über das gesamte städtische Feld. „Erhöhte Mobilität und verringerte Präsenz am eigenen Ort gilt selbst im lokalen Maßstab. Wo die Partner informeller Lebensgemeinschaften ihre getrennten Apartments beibehalten und sich bald hier bald dort aufhalten, läßt auch das Maß an Identifikation mit dem Wohnquartier nach … Gelokkerte Bindung an einen Ort bedeutet für die Innenseite des Wohnens eine größere Bereitschaft, sich von den Beständen zu trennen, und ein geringeres Interesse, in die eigenen vier Wände zu investieren." (Wolfgang Pehnt) Warum auch, so fragen sich viele, insbesondere jüngere Leute, soll ich mich auf Dauer örtlich binden, wenn ich angesichts unklarer Berufsperspektiven, vielleicht drohender Arbeitslosigkeit und komplizierter persönlicher Beziehungen schon nicht weiß, was morgen sein wird?

Hinzu kommt, daß der „Möglichkeitsraum" insgesamt in einer sich global öffnenden Gesellschaft erheblich größer geworden ist. Heißt also Wohnen heute gerade nicht mehr Bleiben?

Oder braucht man beides, wie Vilem Flusser in seiner Dialektik von Heim und Welt formuliert? „Wir wohnen. Wir könnten nicht leben, wenn wir nicht wohnten. Wir wären unbehaust und schutzlos. Ausgesetzt einer Welt ohne Mitte. Unsere Wohnung ist die Weltmitte. Aus ihr stoßen wir in die Welt vor, um uns auf sie wieder zurückzuziehen. Von unserer Wohnung aus fordern wir die Welt heraus, und wir fliehen vor der Welt in unsere Wohnung. Die Welt ist die Umgebung unserer Wohnung. Unsere Wohnung ist das, was die Welt befestigt. Der Verkehr zwischen Wohnung und Welt ist das Leben." Laut gegenwärtiger Meinungsumfragen wollen die Menschen trotz Zukunftsangst und Arbeitsplatzunsicherheit bei zwei Dingen nicht sparen, beim Urlaub und bei der Wohnungseinrichtung; also: Sie wollen nicht sparen bei Heim und Welt.

Hartmut Häußermann und Walter Siebel haben vielfach auf die innere Widersprüchlichkeit des Wohnens in modernen Gesellschaften hingewiesen: „Diese widersprüchlichen Anforderungen lassen sich charakterisieren zum einen als Wunsch nach Geborgenheit, nach einer beständigen räumlichen und sozialen Heimat, in der man sich zu Hause fühlt, zum andern als Wunsch nach der Wohnung als Maschine, die die Voraussetzung für ungehinderte individuelle Entfaltung schafft, also von Bindungen und Verpflichtungen, von Hausarbeit und Familie entlastet. Zwischen diesen polaren Wünschen muß jede Wohnpraxis einen Kompromiß finden. Die gegenwärtige Ausdifferenzierung der Wohnformen zwischen suburbanem Eigenheim und innerstädtischer Altbauetage, Singledasein, Familie und Wohngemeinschaft erlaubt dem einzelnen, divergierende Entwürfe vom richtigen Leben in verschiedenen biographischen Phasen, an verschiedenen Orten auszuleben.

Am Schluß mag noch ein Zitat von Gert Selle die scheinbar paradoxe Feststellung von Odo Marquard untermauern: daß sich beim Wohnen selbst dort, wo sich scheinbar wenig verändert, viel verändert hat, und daß sich selbst dort, wo sich scheinbar alles verändert hat, fast nichts geändert hat. „Außer kulturellen oder politischen Vorurteilsstrukturen scheint nichts so konservativ wie das Wohnen, ungeachtet aller 'jugendlichen' Moden, schrillen Accessoires und demonstrativen Gesten zweifelhafter Lifestyle-Modernität. Die Konstanten sind zu auffällig, die verdeckten Muster zu wiedererkennbar, die Sehnsüchte zu regressiv, die Erinnerungen zu verpflichtend, als daß es im Wohnen heute oder morgen zu einem revolutionären Wandel kommen könnte. Wir dürfen uns von ästhetischer Diversifikation und technologischer Modernisierung nicht täuschen lassen. Allen Rationalisierungstendenzen, allen Funktionalismen der jüngeren Moderne zum Trotz und entgegen allem Anschein einer neuen ästhetischen Freiheit, hat sich im Wohnbereich prinzipiell so wenig bewegt, als sei das intime Wohnverhalten ein Bollwerk der Tradition gegen die Umsatzgeschwindigkeit technisch-ästhetischer Leitbildvorgaben, weder völlig auflösbar zum modischen Schein noch völlig korrumpierbar durch entleerte Gewohnheiten."

(Aus „Geschichte des Wohnens", Band 5. Deutsche Verlags-Anstalt, Stuttgart 1999. Mit freundlicher Genehmigung der Wüstenrot-Stiftung.)

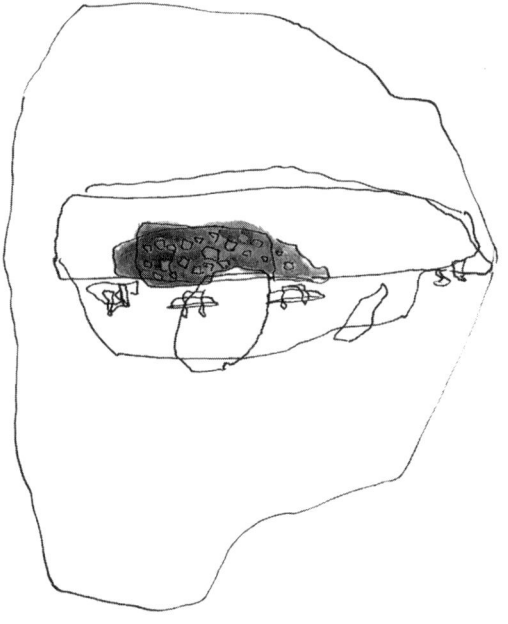

Renate Gebeßler

Von der Wahrnehmung zur Achtsamkeit.
„Sei... am Kreuzweg deiner Sinne
ihrer seltsamen Begegnung Sinn"

Wahrnehmung spaltet Welt in Subjekt und Objekt.
Ich als Subjekt erfahre außer mir seiende Welt als Objekt, als Nicht-Ich. (Fichte)
Ich bin dank meiner Sinne, dank meines Bewußtseins.
Ich sammle Erfahrungen.
Ich denke, analysiere, schließe, urteile, werte.
Ich belege Dinge mit Bedeutung, ja, sie bedeuten mir etwas – deshalb liebe, hasse, bewundere, verachte, bewahre oder verliere ich sie.
Sie sind täglich ein wenig anders, das liegt nicht nur an ihrer wechselnden Umgebung, am Licht, das sie verändert, das liegt auch an mir.
Manchmal erscheinen sie mir größer, schöner, runder als gestern, manchmal scheint es als seien sie über Nacht kleiner, blasser, häßlicher geworden.
Und manchmal verschwinden sie auf geheimnisvolle Weise aus meiner Welt.
Ich nehme sie nicht wahr.
„Sein und Nichts ist dasselbe ... Ebenso richtig als die Einheit des Seins und Nichts ist es aber auch, daß sie schlechthin verschieden sind. Allein, weil der Unterschied hier sich noch nicht bestimmt hat, denn eben Sein und Nichts sind noch das Unmittelbare, so ist er, wie er an denselben ist, das Unsagbare" – so Hegel.
Sein versus Nichts.
Ich-Welt versus Ding-Welt. Sehender versus Gesehenes.

Geburt des Dualismus.

Wenn aber das Subjekt sein Ich von der Objektwelt getrennt erlebt „…wird ihm plötzlich bewußt, daß sein Prinzip nicht dasjenige des Universums zu sein scheint, daß es „allerlei Dinge" gibt, die unabhängig von ihm selbst vorhanden sind. (Es) nimmt davon Kenntnis, leidet aber an der Begegnung mit den ‚Widerständen dieser Welt'. Zugleich erwacht die bewußte Angst vor dem Tode, vor der Gefahr, die das Nicht-Ich für das Ich darstellt." – so Hubert Benoit

Bewußtsein der Wahrnehmung wird zur Wahrnehmung des Bewußtseins.

Reflexion ist auch: Schmerz des Getrennt-Seins oder unser Leiden an den Dingen.

Unser Bewußtsein ist es, das die Spaltung unseres Seins in Dualismen betreibt.

Unsere Unfähigkeit im Hier und Jetzt zu leben, läßt uns Hier von Dort (Raum) und das Gestern vom Morgen (Zeit) trennen.

In uns aber bleibt Sehnsucht nach Einheit, nach Aufhebung aller Gegensätze in der Synthese (Hegel), nach der coniunctio oppositorum von Leben und Tod, Gut und Böse, Lust und Schmerz, Wollen und Nichtwollen, nach jener konkreten und absoluten Wahrheit, in der richtig und falsch nur noch kleine Teilwahrheiten waren.

Wahrnehmungsprozesse als Gratwanderungen zwischen Sein und Schein, zwischen Wahrheit und Täuschung, zwischen dem, was wir sehen, und dem, was unser dualistischer Wahrnehmungs- und Denkprozeß zu sehen vorgibt.

Ziel bleibt das Eins-Sein, Identität mit sich selbst und der Welt, gegenseitiges Durchdringen von Subjekt und Objekt im Augenblick der Erkenntnis.

Suche nach meiner Identität ist zugleich Suche nach der Identität der Dinge.

Ich definiere sie, sie definieren mich.

Sie offenbaren mir ihr Wesen, ihre Wahrheit, die dabei auch meine wird, sie erzählen vom homo faber, dem Dinge-Gestalter, der sie er-findet, intuitiv, indem er sie wahr-nimmt, ihnen konkretes Sein ver-leiht, sie dann aus seiner Subjektivität in ihr Objekt-Sein entläßt.

Wir kennen uns nicht, Designer und Nutzer, unsere Begegnung ist das Objekt.

Dabei löst die anonyme Subjekt-Subjekt-Begegnung einen qualitativen Sprung in der Subjekt-Objekt-Beziehung aus.

Die Identität des Designers, in der visuellen Identität des Objektes kodiert, lenkt meine Wahrnehmung, lädt ein zum Erleben, Erfassen, Gebrauchen, zu emotionaler Bindung. Atmosphärisch und ästhetisch zu mir „sprechend", wandelt sich Objekt in Subjekt, das mich in einen Dialog verwickelt.

Das Ding, Nicht-Ich, tritt heraus aus seiner Sachlichkeit, wird zu einem selb-ständigen Teil meiner Welt; der Umgang mit ihm erfordert ein Mehr an emotionaler und sozialer Kompetenz, zwingt mich, auf es zu „hören", mich „einzufühlen", „nachzuspüren", wie es ihm wohl „zumute" ist.

Dabei begegne ich ihm mit Aufmerksamkeit, schenke ihm Beachtung, Achtung, finde die Vertrautheit, die notwendig ist, die komplexer werdende „Sprache" der Produkte zu verstehen.

Rationales Wahrnehmen erweitert durch Achtsamkeit der Sinne und des Herzens, im Vertrauen auf die eigene Subjektivität, mit der Bereitschaft, die Dinge „sprechen" zu hören, sie „für wahr" zu nehmen.

Vielleicht sogar noch einmal die alte Frage von Realismus und Nominalismus gestellt:

Wieviel Schein ist unser Sein ?

– nicht nur im Sinne Erich Fromms als Abgrenzung

zum Haben, sondern auch im Sinne der Aufklärer als Suche nach der Wahrheit der Wirklichkeit –.

Veränderte Wahrnehmungspraxis aber verändert die Aufgabe des Designers: den semiotischen Prozeß, in dem er Zeichen setzt, die für ihren Interpretanten mehr als nur funktionales Sein repräsentieren sollen, sein semantisches Vorgehen, das den Produkten ein Mehr an visueller Identität verleihen soll. Als Gestalter sollte er schon während des Entwurfsprozesses Objekte auf ihre Fähigkeit zum Subjekt-Sein überprüfen, sie mit Merkmalen ausstatten, die unsere Sinne ansprechen, unsere Achtsamkeit herausfordern, die sie dialogfähig machen.

Ihm muß es gelingen, den Dingen Sinnlichkeit und Sinn zu verleihen, jenen Sinn, den der Mensch in der Wahrnehmung der Welt sucht, der ihm anthropologisches Grundbedürfnis ist, dessen Befriedigung ihn erst zum Leben und Handeln motiviert.

Solcher Designer ist – emotional und sozial gereift – ein Mensch, der in sich selbst Polarität auszuhalten vermag,

– Sinn suchend und gebend zugleich –

der den Dialog als platonische Bewegung vom Fragen zum Wissen versteht, der erkennt, daß weder die Wissenschaft noch die Kunst moralisch neutral sein kann, sondern daß er selbst, als Teilhaber an beidem, in permanenter Verantwortung steht, als Mit-Gestalter einer Welt, die uns Lebens-wert und Sinn-voll erscheinen soll.

Dies aber geschieht nur dann, wenn die Dualität von Subjekt und Objekt aufgehoben wird, wenn das Objekt sein Ding-Sein überwindet, nicht versachlicht benutzt, sondern zum Gegenüber wird, das mir zwar dient, das ich aber mit Aufmerksamkeit erlebe und belebe, dem ich mich im Umgang ethisch verpflichtet fühle, ein Objekt, in dem ich mich wiederfinde und es in mir, dort „am Kreuzweg meiner Sinne".

Lesebuch für Designer
200 · 201

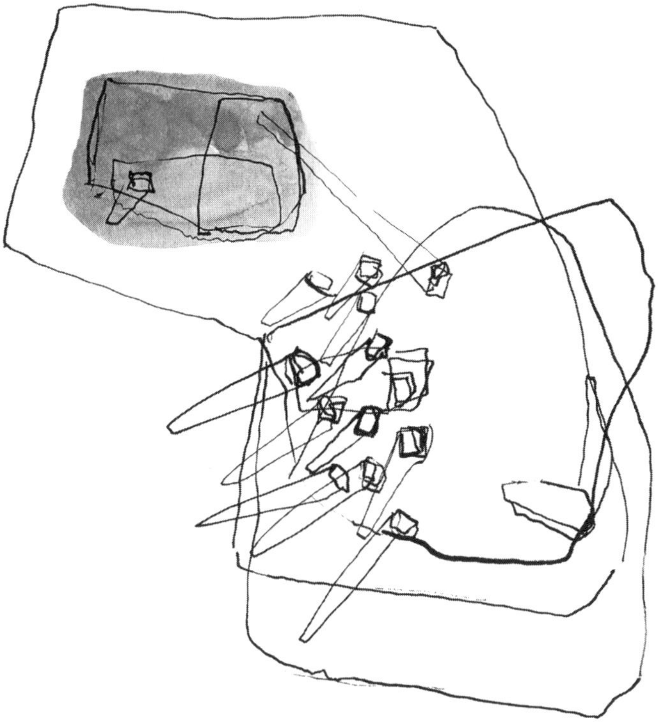

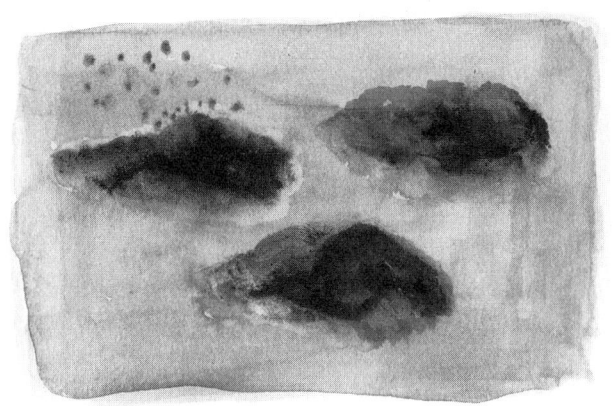

Joachim Krausse

Arche und Chronik von Guinea Pig B.
Buckminster Fullers
aufgezeichnetes Lebensexperiment

I.

Lesebuch für Designer

Leitmotivisch tauchen im Werk des amerikanischen Erfinders, Designers und Philosophen R. Buckminster Fuller Arche und Chronik als unverzichtbare Topoi des Entwurfsdenkens auf. Inbegriff des menschlichen Hilfsmittels ist Arche, jenes Haus-Schiff, das der Gattung mitsamt der anderen Kreaturen das Überleben der Katastrophe sichert, das Artefakt schlechthin. Zu dessen Verfertigung muß der Lebensretter vor allem eines sein: Archi-tektonos, der den Anfang machende Haus- und Schiffsbauer, der Zimmerer, der weiß, zu welcher Gestalt sich die Bauteile zusammenfügen sollen. Der Sinn dieses Zusammenfügens ist aber der Schutz vor den Wechselfällen einer keineswegs immer freundlichen Umwelt. Darauf verweist die Verwandtschaft, die zwischen Worten wie „Technik" und „Tektonik" sowie „Architektur" besteht, aber auch zu „Dach", „Deck, „Deckel", „Ziegel", „Tiegel", schließlich zu „Textil", „Textur" und „Text": Sie alle leiten sich von der indoeuropäischen Wurzel „(s)teg" ab, deren Bedeutung „decken" auf die ursprüngliche Funktion verweist. Die primäre Funktion der von „technē" bezeichneten Tätigkeiten des geschickten und wohl überlegten Fügens, Flechtens, Webens wäre demnach eine protektive, eine Schutz gewährende. Die Arche ist das Modell für das vollständige Artefakt, das keine natürlichen Schutzfunktionen der Erde mehr in Anspruch nehmen kann, das Haus und Behältnis, das frei flottiert und allseitig Schutz gewährt. Von diesem Haus ohne festen Boden, das nur zeitweilig verankert ist, träumte Buckminster Fuller. Er sah seine Häuser wie Luftschiffe an der Erdoberfläche anlegen. „We are concerned with moorin first class habitation to the earth's surface", sagte er 1946. Die Erde aus einer Satellitenposition wahrzunehmen, hielt er seit 1928 für ganz selbstverständlich. Aus diesem Blickwinkel zeigten sich die Dächer von Häusern wie Kiele von Schiffen, die in den Strömungen des Luftozeans der Atmosphäre schwimmen. Sie flottierten darin mehr recht, also waren ihre Strömungseigenschaften zu verbessern, ihr Wärmeverlust zu minimieren und – vor allem – ihr Gewicht zu reduzieren, wie es im Schiffsbau üblich, im Luftschiffsbau unerläßlich ist.

Aber Fuller suchte nach radikaleren, grundsätzlichen Neuanfängen dieses Zusammenfügens. Seiner „Verabredung mit dem Prinzipiellen" entsprechend untersuchte er die grundlegenden Muster energetischer Konstellationen und Transformationen mit Hilfe einer empirischen Geometrie, die er zuerst *energetisch* und später *synergetisch* nannte. Zusammengefaßt hat er sie in seinem zweibändigen Hauptwerk „Synergetics", das erst 1975 und 1979 erschien. Kurz nach Fullers Tod 1983 setzte eine rasante Entwicklung in der Forschung ein, die auch die Türen zur Nanotechnologie, zur Chemie der Fullerene, zur Physik der Phasenübergänge usw. öffnete. Von heute aus kann man klarer sehen, wie Fuller all dem modellierend vorgearbeitet hat. Das Archaische mit dem Ultramodernen verbindend schlägt Fuller einen Bogen, der von Noahs Technik zur Nanotechnik führt. Tatsächlich trägt die erste praktische Frucht seiner Grundlagenforschung der vierziger Jahre die seltsame Überschrift „Project Noah's Ark no. 2". Was aber sollte die zweite Arche Noah sein? Es war nichts anderes als das, womit Fuller schließlich seit Anfang der fünfziger Jahre berühmt wurde: die Geodesic Domes. Diese freitragenden kuppelförmigen Netzwerkstrukturen von extremer Leichtigkeit und Festigkeit, die auf dem Luftweg an jeden Standort auch jenseits der Verkehrswege transportiert und in wenigen Stunden errichtet werden konnten, waren das Ergebnis einer Konstruktionsmethode, die Fuller in einer sorgfältig gehüteten Schrift mit dem Titel „BF's Noah's Ark no. 2" niedergelegt hat. In einem wortkargen Kommentar gab er seiner Hoffnung Ausdruck, daß „the broad ramifications of the potential significance of Geodesic structures [...] could function as an economic and social Noah's Ark".

Das war durchaus auch ganz wörtlich zu nehmen; den Gedanken an ein vollständig industriell produziertes, komfortables und billiges Wohnhaus, nicht teurer als ein Mittelklasseauto, das gänzlich ohne städtische Infrastruktur und Leitungsnetze auskommt, und insofern *autonom* oder *self-sustainable* ist, hatte Fuller nie aufgegeben. Trotz guter Serienmodelle von Geodesic Domes kam es nicht zu dem gewünschten Erfolg. Aber das ist nur der utilitaristische Teil des Rettungsgedankens von Noah's Ark 2. Vom ideellen Teil dieses Programms, der ein Umdenken, eine andere Sicht der Welt einfordert, ist in der bisherigen Fuller-Rezeption zu wenig die Rede gewesen. Schlagworte unserer Tage, wie *Synergie-Effekt, Vernetzung, Globalisierung, Nachhaltigkeit, erneuerbare Energie*, und vieles mehr, was wir zusammenhanglos verwenden, findet sich im Diskurs Buckminster Fullers – in der Regel Jahrzehnte, bevor es auf der Agenda von Spezialisten, sozialer Bewegungen, Managern oder Politikern erschien. Man frage etwa Abgeordnete der Grünen, von wem und wann die Forderung nach einer Versöhnung von Ökonomie und Ökologie stammt. Man wird nicht darauf kommen: von Buckminster Fuller 1932! Man wird auch deswegen nicht darauf kommen, weil Fuller sich gern als *design scientist* und seine Arbeit als *engineering* darstellte, um bloß nicht mit Leuten verwechselt zu werden, die irgend etwas mit *styling* zu tun haben. Sein vorbehaltloses Eintreten für industrielle Entwicklung, für Hochtechnologie, für die neuen Medien dürfte es Naturschützern etwa nicht leicht gemacht haben, in Fuller einen bedeutenden Konzeptionisten des Recycling oder der Faktor-x-Theorien zu erkennen. Alles dies steht noch aus.

Fullers notorischer Optimismus, aber auch seine irritierende Indolenz gegenüber Opfern – der Kriege, der Hochtechnologien, der Menschenexperimente im Namen einer pervertierten Wissenschaft – können nicht verdunkeln, daß Fuller sich der krisenhaften Entwicklung des Zivilisationsprozesses im 20. Jahrhundert zutiefst bewußt war. Es ist der düstere Hintergrund einer entfesselten Militärtechnologie, vor dem das Projekt einer zweiten Arche Noah entsteht. Als Mitarbeiter der Kriegswirtschaftsbehörde in Washington hatte Fuller während des Zweiten Weltkriegs die Entstehung des Manhatten-Projekts aus nächster Nähe verfolgt, er stand im Kontakt mit einer Reihe der führenden Wissenschaftler, die die Atombombe entwickelten. Gerade die Unbegreiflichkeit der neuen, aus der wissenschaftlichen Forschung abgeleiteten Technologien nimmt Fuller zum Anlaß, ihre Wirkungsprinzipien in begreifbare Modelle und Artefakte zu übersetzen. Ohne hier auf Einzelheiten eingehen zu können, muß man doch feststellen, daß Fuller mit seiner energetisch-synergetischen Geometrie etwas schaffen wollte, das auch die Modellierung von Kern und Schale im Sinne einer Nuklear- und Elektronen-Geometrie umfassen sollte. Und jenseits ihres Nutzens als Ge-

bäude und Behausung sollten die geodätischen Kuppel-
konstruktionen auch Instruktionsmittel für ein Denken
in neuen Koordinaten sein, Koordinaten, die nicht stati-
schen Objekten, sondern dynamischen *energy events* gerecht werden. Geodäten werden nämlich definiert als
*ökonomische Beziehung zwischen zwei oder mehr Ereig-
nissen* in der Raumzeit, sie entsprechen den geraden Li-
nien des euklidischen Raums. Die Muster der Geodesic
Domes, die den Betrachter zunächst irritieren, weil der
Blick keinen Halt an Horizontalen oder Vertikalen findet, sind aus einer nicht-euklidischen Geometrie hervor-
gegangen; was wir als Räume ohne Wände und Decken
erleben, kann man vielleicht als nicht-aristotelisch beschreiben. Das Rettungsmotiv von „Noah's Ark no. 2"
ist nicht von der Herausforderung zu trennen, ein anderes Denken ins Werk zu setzen.

Das Projekt „Noah's Ark no. 2" wäre undenkbar
oder wesentlich unvollständig ohne das Konzept eines
verläßlichen Navigationssystems. Aus der Geschichte
der Seefahrt ist bekannt, daß zuverlässige Positionsbe-
stimmung auf hoher See erst mit der genauen Berechnung des Längengrades mit Hilfe eines Chronometers
möglich ist. Kursbestimmung und -Korrektur ist jedoch
auf wiederholte Positionsermittlung angewiesen, die in
chronologischen Aufzeichnungen festgehalten werden.
So verfährt Buckminster Fuller 1927, im Jahr seiner tief-
sten Lebenskrise, als er seinen Job verliert und nicht
weiß, wie es weitergehen soll. Mitten in die Ratlosigkeit
und Verzweiflung der scheinbar aussichtslosen Situation
hinein wird Fullers Tochter Allegra geboren. Der ar-
beitslose Vater hat Zeit. Er legt ein Faltblatt an, trägt Koordinaten ein und führt „Baby's Record". Tag für Tag
trägt er Körpergröße des Säuglings ein plus Gewichtsan-
gabe. Irgendwo auf der Zeitleiste findet sich auch ein Ein-
trag seines endgültigen Ausscheidens aus der Firma. In

die sich nun entwickelnde Wachstumskurve zeichnet Fuller die Umrisse des Babys sowie im selben Maßstab den Umriß seines Beines ein. „Daddy's leg", wie er dazuschreibt, führt einen persönlichen Maßstab ein, der die abstrakten Daten sofort in eine erfaßbare Relation bringt. Um solche erfaßbaren Relationen vom Individuum zu seiner in ständiger Veränderung begriffenen Umwelt geht es Fuller auch später bei der Ausarbeitung von Karten und Diagrammen, die der Positonsbestimmung im zivilisatorischen Gesamtprozeß dienen. Das selbstreflexive Moment, das „Baby's Record" auf so charakteristische Weise enthält, tritt ganz in den Vordergrund bei einem Projekt, das Fuller sein Lebensexperiment genannt hat, und das eine besondere Form der chronologischen Dokumentation erforderlich machte. Um diesen Zusammenhang soll es im Folgenden gehen. Es ist Fullers persönliche Chronik und zugleich seine Arche der Ideen, Konzepte und Korrelationen, die seinen Lebenskurs bestimmt haben. Auf die Nachwelt ist dies als Buckminster Fullers Archiv gekommen.

II.

Was Buckminster Fuller im Alter von 87 Jahren bei seinem Tode der Nachwelt hinterließ, geht weit über das hinaus, was man unter einem Nachlaß versteht. Das gilt in quantitativer wie in qualitativer Hinsicht. Was er zurückgelassen hat, ist nichts weniger als eine fast lückenlose Dokumentation seines Lebens und seines Lebenswerks in Aufzeichnungen, Entwürfen, Patenten, Fotos, Film- und Tondokumenten, Drucksachen, Modellen und Objekten. All dies hat Fuller während seines Lebens gesammelt und mit Hilfe zahlreicher Mitarbeiter und Helfer geordnet und archiviert. Das Archiv ist mit dem Le-

benswerk entstanden, aber die Entscheidung, ein solches
Archiv anzulegen, traf Fuller als junger Mann von 22 Jahren, genau zehn Jahre bevor er sich zu seiner *Design-In-
itiative* entschloß. Er war sicher von seiner künftigen Bedeutung überzeugt, aber er muß auch sehr neugierig darauf gewesen sein, was aus ihm einmal werden würde.

Für Fuller war das Archiv weit mehr als eine ausführliche Dokumentation seines Schaffens, er verstand es
vielmehr als eine Versuchsanordnung und ein – lebens-
langes – Langzeitprojekt. Das wird verständlicher, wenn
wir das Rückgrat des Buckminster Fuller Archivs betrachten: Fuller hat ihm den Namen *Chronofile* gegeben.
Chronofile, eigentlich eine fortlaufend geführte Akte in
chronologischer Ordnung, stellt sich heute dar als eine
Sammlung von etwa siebzig laufenden Metern von Dokumenten aus einem Zeitraum von 88 Jahren. Die Dokumente, die aus Fullers erster Lebenshälfte stammen,
sind in den dreißiger und vierziger Jahren zu Folio-Bän-
den zusammengefaßt und in Ledereinbänden aufgebun-
den worden. Auf den Buchrücken steht mit goldenen
Lettern „Dymaxion Chronofile" und die Jahreszahl.
„Dymaxion" wurde 1929 Fullers Markenname, ein
Kunstwort, das ein Werbetexter des Kaufhauses Marshall
Fields Department Store für Fullers futuristisches 4D-
Haus erfand. Das verkleinerte Modell dieses Hauses
wurde von Marshall Fields ausgestellt, es sollte den
Blickfang für eine Kollektion moderner Möbel aus Europa bilden. Fuller war schon damals ein faszinierender
Vortragskünstler, der die Demonstration seiner Modelle
mit einem eloquenten Diskurs seiner (Design-)Philoso-
phie verband. Aus häufig wiederkehrenden Worten Fullers, wie *Dynamik*, *Maximum*, *Ionen*, zog der Werbetexter *Dymaxion* zusammen. Noch bis Anfang der sechziger Jahre wurde *Dymaxion* für Fuller und seine Artefakte verwendet: Dymaxion House, Dymaxion Car, Dym-

axion Bathroom, Dymaxion Map, Dymaxion Deployment Unit, Dymaxion Dwelling Machine. Fuller hatte sich im Laufe der Jahre so sehr an Dymaxion gewöhnt, daß er sogar einer seiner wichtigsten geometrischen Entdeckungen, der Verwendung des halbregelmäßigen Kuboktaeders als isotroper Vektormatrix bzw. als Vektor-Equilibrium den Namen *the Dymaxion* gab. Elaine de Kooning, die wie viele andere Künstler am Black Mountain College Buckminster Fuller kennengelernt hatte, nannte ihn in einem luziden Essay 1952 „Dymaxion Artist". (*1*) Und die bis heute unverzichtbare, erste große Fuller-Monographie von Robert Marks trägt den Titel „The Dymaxion World of Buckminster Fuller". (*2*)

Dymaxion Chronofile – das ist Fullers selbstreflexives Experiment, sein Leben wie ein Langzeitprojekt zu beobachten, zu gestalten und auszuwerten. Chronofile ist also die laufende Akte eines Versuchskaninchens oder – genauer gesagt – eines Versuchskaninchens, das zugleich Versuchsleiter ist und die Versuchsanordnung bestimmt. Chronofile erlaubt die Kontrolle und die Auswertung der Versuchsreihen. Fuller, der zeitlebens von seinen Mitmenschen „Bucky" genannt wurde, hatte die ganz unakademische Gabe, seine fast priesterliche Ernsthaftigkeit mit einem Schuß Komödiantentum zu versetzen. Er liebte die *comichafte Luzidität*. In diesem Sinne bezeichnete er sich selber als „Guinea Pig B." – als Versuchskaninchen Bucky. Daß es sich keineswegs nur um eine anekdotische Marginalie seiner Biographie handelt, wird darin deutlich, daß Fuller seinen letzten Essay, den er als Einleitung seinem Buch „Inventions. The Patented Works of R. Buckminster Fuller" voranstellt, den Titel „Guinea Pig B." gibt. (*3*) Dieser Essay hat den Charakter eines Vermächtnisses, er zieht die Summe des Lebens.

Fuller schreibt:

„I am now close to 88 and I am confident that the only

thing important about me is that I am an average healthy human. I am also a living case history of a thoroughly documented, halfcentury, search-and-research project designed to discover what, if anything, an unknown, moneyless individual, with a dependent wife and newborn child, might be able to do effectively on behalf of all humanity that could not be accomplished by great nations, great religious or private enterprise, no matter how rich or powerfully armed. I started out fifty-six years ago, at the age of 32, to make that experiment." (4)

Dies war *eine* Quelle seines ungeheuren Selbstbewußtseins, daß er aus eigenem Antrieb, ohne Förderung und vor allem ohne Auftrag eines Klienten damit begonnen hatte, die ihm wichtigsten Probleme des modernen Lebens zu untersuchen und Entwurfslösungen für Wohnhäuser, Transport- und Kommunikationsmittel zu entwickeln; sie sollten von den Fortschritten in Wissenschaft und Technologie direkt profitieren, während sie eine Domäne der Militärs und der Rüstungsindustrie geblieben waren. Einen solchen Anfang im eigenen Auftrag nannte Fuller „Design Initiative", sie zu ergreifen und zu tun, was nötig war und niemand anderes sonst tat, war seine Botschaft an eine Generation von Enkeln, die ihm in den sechziger und siebziger Jahren lauschte.

III.

Fuller gab seinem Programm, das er seit 1927 ausarbeitete, später den Namen „comprehensive anticipatory design science" und verstand darunter eine ganzheitlich orientierte, vorausschauende Entwurfsarbeit auf wissenschaftlicher Grundlage. (5)

Dementsprechend hochfliegend waren seine Pläne und weitgespannt seine Untersuchungs- und Aktionsfel-

der: sie reichten von der Inventarisierung globaler Ressourcen, Trendstudien zur technologischen und industriellen Entwicklung – mit beidem trat er bereits 1940 im
Jubiläumsheft des Industrie- und Wirtschaftsmagazins
FORTUNE hervor (6) – bis zur Grundlagenforschung
einer energetisch-synergetischen Geometrie (7) und deren Anwendung auf die Konstruktion von *space structures*, Raumfachwerke leichtester Klimahüllen in jeder
Größenordnung, die als *Geodesic Domes* Fullers Namen
weltweit bekannt machten.

Den Höhepunkt dieser Erfolge bildete der von Fuller und Sadao entworfene Expo-Dome, Ausstellungs-
pavillon der USA auf der Weltausstellung 1967 in Mont-
real. Mit seiner optosensorischen, wie ein Facettenauge
auf Lichteinflüsse reagierenden, sphärischen Hülle wurde dieser Bau zu einer der ersten Manifestationen dessen,
was später den Namen „intelligent building" erhielt. Mit
diesem und anderen Konzepten beeinflußte Fuller nachhaltig die Architektur.

Diese Umstände haben es nahegelegt, Buckminster
Fuller als Architekten zu sehen; in seinen Erfindungen
und Patenten erscheint er als Ingenieur. In seinen
Büchern erscheint er öfter als Zukunftsforscher oder
Prophet. Er selbst verstand sich aber eher als Wissen-
schaftler-Künstler, sowohl Mathematiker als auch Poet,
Naturforscher wie Künstler, American Machinist wie
Choreograph, Lehrer wie Entertainer; was ihn interes-
sierte, war der Leonardo-Typ, den es zu allen Zeiten gegeben hatte. (8) Fuller vermied es wohlweislich, vor der
Aufsplitterung des Wissens in der gesellschaftlichen Arbeitsteilung wie seine Zeitgenossen zu kapitulieren. Als
Comprehensivist bestand er darauf, ein umfassendes Verständnis der Welt und des Menschen zu entwickeln. Dabei ließ er nur gelten, was durch seine eigene Erfahrung
gegangen war. „When in 1927 I started the experiment to

discover what a little individual might be able to do effectively on behalf of all humanity, I said to myself: 'You are going to have to do all your own thinking.'" (9) Das Wissen mußte von der individuellen Erfahrung gedeckt sein. Mißtrauisch gegen das Wort als Monopolist des Wissenstransfers suchte Fuller in der Skizze und vor allem im Modellbau ein verläßliches Medium der Erkenntnis und eine adäquate Form der Verkörperung von Ideen und Konzepten. Auf diese Weise machte er seine Entdeckungen, auf eigene Faust, vielfach ignorant gegen seine Vorläufer und Konkurrenten und unbekümmert um bereits vorhandene Lösungen. Er mußte einen Sachverhalt sich selbst klargemacht, mit seinen Mitteln untersucht und in seine eigene Sprache übersetzt haben, um das Ergebnis für gültig zu halten und wert, es anderen mitzuteilen.

Fullers extremes Mitteilungsbedürfnis entsprang einem Sendungsbewußtsein, das dem eines religiösen Missionars sehr nahe kommt. Von der Wichtigkeit seiner Botschaft absolut überzeugt, hielt er Tausende von Vorträgen, Gastvorlesungen und Workshops an 544 Universitäten und Hochschulen auf der ganzen Welt. (10) Seine zum Teil riesigen Auditorien waren zeitweise denen von Popstars ähnlicher als denen von Akademikern. Er hatte nie ein Vortragsmanuskript vorbereitet, sprach frei und hatte immer einen oder mehrere Koffer mit Modellen dabei, die er wie ein Zauberkünstler einsetzte, nicht um einen Trick vorzuführen, sondern *generalized principles of nature* zu demonstrieren. Seinen spontanen Diskurs dazu verstand er als *thinking out loud.* Auf diese Weise verstand er es, bei seinen Zuhörern eine Art intellektueller wie emotionaler Resonanz zu erzeugen, welche die je eigene Erfahrungsbasis als Instanz des Wissens und der Erkenntnis in ihr vergessenes oder verschüttetes Recht einsetzt.

Von den 21 zu seinen Lebzeiten erschienenen Büchern ist nur ein Bruchteil wirklich geschrieben worden, das meiste sind Transkriptionen, mehrfach redigierte und montierte Fassungen solcher *lectures* oder *talks*, von denen eine große Anzahl aufgezeichnet worden ist. Daher hat das Archiv auch eine umfangreiche Medien-Abteilung, in der die Tonträger (Magnetdraht, Tonband, Audiocassetten) wie auch Film- und Videoaufzeichnungen aufbewahrt werden. *(11)* Die Transkripte und die diversen Verarbeitungs- und Korrekturfassungen sind größtenteils in den Manuscript Files aufbewahrt. *(12)* Sie dokumentieren den ungewöhnlichen Entstehungsprozeß von *Schrift* und Veröffentlichungen, wobei Fullers Aufsätze für zahlreiche Zeitschriften und Periodika kaum anders entstanden sind als seine Bücher. Es liegt auf der Hand, daß die so entstandenen Texte nicht unbedingt verläßlich in einem wissenschaftlichen Sinne sind. Da Fuller weder die Transkription selbst anfertigte noch Redaktion und Korrektur vollständig überwachen konnte, aber passagenweise Fassungen aus anderen Aufzeichnungen verwendet wurden, gibt es redundante Stellen und auch Fehler. Zahlen, Daten und Zitate sind nur nach dem Gedächtnis angegeben, fast nie nachträglich überprüft. Die gedruckten Texte haben keine Quellenhinweise, keine Anmerkungen, kein Literaturverzeichnis, kurz, sie weisen sich nicht als wissenschaftliche Texte aus. Hinzu kommt, daß Fuller es vermied, eingeführte Termini zu verwenden und dafür eigene Begriffe einführte, häufig Neologismen und manchmal ganze Cluster aus Latinismen; dies brachte einige Anhänger und Freunde Fullers zu der Überzeugung, daß man Fullers Sprache ins Englische übersetzen müßte. Jedenfalls bereiten die Texte, so inspirierend sie passagenweise sein mögen, auch dem willigen Leser Schwierigkeiten, die Fullers Vorträge als Performance mühelos überwinden konnten. Es ist charakteristisch für ihn, daß bereits der erste Verleger, der 1929 mit Fuller ein Buch über das Dymaxion House machen wollte, seinem Autor empfahl, den Text von einem erfahrenen Schreiber anfertigen zu lassen. Fuller lehnte das ab. Man einigte sich auf ein Experiment: In einem Clubraum der Architectural League of New York hält Buckminster Fuller am 9. Juli 1929 vor einem kleinen Auditorium ausgesuchter Experten (Architekten, Industrielle, Presseleute) einen zweieinhalbstündigen Vortrag, den ein Stenograph mitschrieb. (13) Fullers Vortrag war ein Erfolg, mindestens ein Achtungserfolg bei den zukünftigen Architekturkollegen. Auch wurde er zu weiteren Vorträgen eingeladen. Aber das Buch – das Buch blieb ungedruckt. Und das Haus, das jenes Buch vorstellen und propagieren sollte, kam über das Modellstadium nie hinaus.

Fuller war nicht der Mann des gedruckten Wortes, nicht der Gutenberg-Typ, sondern ein Performer, der sich mündlich und mit einer höchst lebendigen Körpersprache, also *live*, mitteilte und alle modernen Medien – Radio, Film, Tonband, TV, Video usw. – seit Ende der zwanziger Jahre problemlos verwendete. Mit seiner Improvisationskunst, seiner Vorliebe für das *starting from the scratch*, dem Diskurs aus dem Stand und einer ausgeprägten Empfänglichkeit für Resonanzphänomene schien er wie geschaffen für die moderne Mediengesellschaft des 20. Jahrhunderts. (14) Dies festzuhalten, wäre nebensächlich, wenn nicht Fuller einer der bedeutendsten Vordenker eben dieser Mediengesellschaft wäre. Er ist nicht nur der Architekt modernster Radarkuppeln der DEW-Line, des US Vorwarnsystems um den Polarkreis, sowie von Radioteleskopen gewesen, sondern hat mit seinen Konzepten der „One Town World" oder der „Extensions of Man" Medientheoretiker wie Marshall McLuhan etwa nachhaltig beeinflußt. In „Man's Total

Communication System" (1970) (*15*) gibt Fuller eine parabelhafte, gleichwohl realistische Darstellung der ein bis zwei Jahrzehnte späteren Internetkultur. Und auch die Entwicklung des PC kommt aus jenem kulturellen Milieu der Subkultur Ende der sechziger Jahre, dessen wichtigster Anreger Fuller war. (*16*)

Von William Kuhns stammt die Bemerkung „Richard Buckminster Fuller is a nineteenth-century inventor with twenty-first-century ideas. The fact that he lives in the twentieth century seems a dual anachronism." (*17*) Tatsächlich begegnet uns dieser doppelte Anachronismus auch in Fullers Archiv. Das, was er hauptsächlich geschrieben hat – andauernd über einen Zeitraum von 75 Jahren –, sind Briefe. Es ist eine ganz altmodische Korrespondenz mit seiner Familie, seiner Verlobten und späteren Frau Anne, seinen zahlreichen Freunden und Bekannten, Mitstreitern, Geschäftspartnern, Verlags- und Presseleuten, Kollegen und Experten der verschiedensten Disziplinen und Berufe. Unter den Korrespondenzpartnern sind zahlreiche führende Persönlichkeiten der Zeit, Berühmtheiten aus Kunst und Wissenschaft, Wirtschaft und Politik; der Gedankenaustausch bezieht sich auf alle Fragen des Privatlebens, der Arbeit, der öffentlichen Wirksamkeit, des gesellschaftlichen Lebens, aber auch auf theoretische Aspekte und philosophische Reflexionen; und nicht selten finden wir in den Briefen die erste Formulierung von neuen Gedanken und Konzepten, die sich später in Büchern, Patenten und Projekten wiederfinden. Bemerkenswert ist auch, daß Fuller, die Briefe, die er schrieb, zusammen ließ mit denen, die er erhielt. Seine eigenen sind in Durchschlägen, Kopien oder Originalen erhalten, wenn Briefpartner sie ihm wieder überließen. Diese gesamte Korrespondenz macht den Hauptbestandteil der 750 Einheiten (125 Bände à 300 bis 400 Seiten, 625 Archivkartons) der Chronofile genannten Abteilung des Archivs aus. Ergänzend zu dieser nur chronologisch geordneten Korrespondenz kommen hinzu: Skizzen, Notizen, vereinzelt Rechnungen, Zeitungsausschnitte, Einladungen, Veranstaltungsprogramme, Anzeigen u. ä. In manchen frühen Jahrgängen befinden sich auch Tagebuchaufzeichnungen von Anne, Foto- und Skizzenserien und komplette Manuskripte. Dies läßt Rückschlüsse darauf zu, daß die ursprüngliche Idee des Archivs mit Chronofile identisch ist, das heißt, daß die chronologische Ordnung der Dokumente – ungeachtet ihres Charakters, ihres Entstehungs- und Verwendungszusammenhangs – das einzige Ordnungsprinzip des Archivs sein sollte.

IV.

In dieser ursprünglichen Konzeption des Archivs als Chronofile – und nur in dieser – wird der Zusammenhang deutlich, in dem Fullers Archivierung mit dem Lebensexperiment von Guinea Pig B. steht. Um von einem Experiment reden zu können, mußte es außer Versuchsleiter und Versuchskaninchen noch eine von beiden Instanzen abgelöste Aufzeichnung als Teil der Versuchsanordnung geben, die Kontrolle und Auswertung ermöglicht. In der Forschung erfüllt diese Funktion das Journal. In chronologischer Ordnung werden alle Experimente eingetragen, Anordnung, Instrumentation, Versuchsobjekte und die Daten der Meßreihen werden festgehalten, datiert und unterschrieben. Fuller war aber nicht in der *Scientific Community* groß geworden, besaß keine akademische Ausbildung. So wurde nicht das Laborjournal das direkte Vorbild für Chronofile, sondern die ganz analoge Dokumentationsmethode des Logbuchs, die Fuller 1917 während seines Marinedienstes kennenlernte. Im Rückblick beschreibt er das Motiv und die frühen Anstöße, die zu Chronofile geführt haben:

„In 1907, at the age of twelve, challenged by Robert Burns's 'Oh wad some power the giftie gie us to see ourselfs as others see us', I sought to 'see' myself as others might and to integrate that other self and thereafter to deal as objectively as possible with the comprehensively integrated self. One of the techniques I adopted for doing this was to keep a come-as-it-may chronological – record of my activities. In 1917, at the age twenty-two, as commissioned line officer in the U.S. Navy, I named the record the 'Chronofile'." *(18)* Es war aber ein spezifischer Umfang mit Aufzeichnungen und Dokumenten, die Fuller in der US-Navy gelernt hatte:

„I had a task during World War I of beeing secret aide to the admiral in command the cruiser transports that carried the troops across the Atlantic and I had all the secret records of all the movements of all the ships and all the people who were on them. And when the war was over I had the task of putting those into shape for the official records for the US-Navy. The kind of record keeping we had to keep was *chronological;* I thought it was quite interesting that my experience before the Navy was that people kept kind of static kinds of files in terms of names and topics, but in the Navy important records were kept chronologically. I thought it might be interesting if I took my own private papers concerning the troubles I had at Harvard, and everything, not just culling out the attractive aspects of my life, but really keeping the whole record – most of which was not so attractive – an putting it all in chronological order. [...] If somebody kept a very accurate record of a human beeing, going trough the era from the Gay 90's, from a very different kind of world through the turn of the century – as far into the twentieth century as you might live. I decided to make myself a good case history of such a human beeing and it meant that I could not be the judge of what was valid to put in or not. I must put everything in, so I started a very rigorous record." (*19*) Dies ist der Schlüssel für die eigenartige Kollektion von Dokumenten – und für die Einzigartigkeit des Archivs. Es dürfte keine zweite Dokumentation dieser Art über das Leben eines Bürgers des zwanzigsten Jahrhunderts geben. Und es ist nicht schwer vorauszusagen, daß der Wert dieser Sammlung in kulturhistorischer Hinsicht – selbst wenn man von Fullers bedeutendem Beitrag als Entwerfer und Theoretiker absieht – mit wachsendem zeitlichen Abstand steigen wird.

V.

Chronofile ist als persönliche Chronik das Medium der Selbstvergewisserung und -reflexion, der Prüfung und Korrektur des Lebenskurses. Und auf solche Weise ist Chronofile immer Grundlage und Bezugssystem des weitläufigen autobiographischen Diskurses, der in nahezu allen Schriften und Reden Buckminster Fullers einen zentralen Stellenwert hat. Die Rückwirkungen, die Chronofile auf Fullers Lebensentscheidungen, auf den *Kurs* seines Denkens und Handelns, gehabt hat, beschreibt er so:

„The first important regenerative effect upon me of keeping this active chronoligical record was that I learned to 'see myself' as others might see me. Secondly, it persuaded me ten years after its inception to start my life as nearly 'anew' as it is humanly possible to do. Thirdly, it persuaded me to dedicate my life to others instead of to myself, not on an altruistic basis but because the chronofiled thirty-two years of my life clearly demonstrated that I was positively effective in producing wealth only when I was dedicated to others. Further chronofile observation then showed that the larger number for whom I worked the more positively effective I became. Thus it became obvious through the chronofile that if I worked for all humanity I would be optimally effective." (20)

Auch wenn man einräumt, daß in diesen Äußerungen eine gehörige Portion Selbststilisierung enthalten ist, so zeigt Chronofile dem Außenstehenden, dem Nachgeborenen und dem Historiker, wie stark das Bedürfnis der Selbstvergewisserung bei einem Manne war, der mit 32 Jahren zu entwerfen begann, mit 56 Jahren seinen ersten Bauauftrag erhielt, mit 64 Jahren eine Professur und erst im achten Lebensjahrzehnt seine volle Wirkung entfalten konnte. In seinem rastlosen Leben mit den zahlreichen Umzügen, der Verteilung der Arbeit auf mehrere Orte gleichzeitig, mehrere Büros, mehrere Firmen, die er leitete, mit den wöchentlich oder täglich wechselnden Auditorien, zu denen er sprach, mit dem *Wohnen* im Flugzeug und dem Leben aus dem Koffer, verloren Orte und Adressen als identifikationsstiftende Bezugspunkte zunehmend ihren Sinn. Auch im zeitlichen Ordnungsschema fehlte die eindeutige Zurechnung: Fuller erwähnt öfter die drei Armbanduhren, die er trug, eine für die Zeit des Herkunftsortes, eine für den Zielort und eine für die aktuelle Ortszeit. Er war wahrscheinlich der erste, der seine Existenz als Zeitzonenarbeiter, zu denen nun alle Erdbewohner werden, bewußt reflektierte. In seiner Philosophie spielt das Transitorische der Dinge, der Werkzeuge, der Häuser, ihr *ephemeres* Dasein, eine bedeutende Rolle. Tief verbunden der Tradition des amerikanischen Transzendentalismus sah er das Ich als Knoten in einem Seil aus wechselndem Fasermaterial. Fuller hat das Transit-Motiv seiner Selbstdeutung in eine schöne Metapher gefaßt.

„I live on earth at present, and I don't know what I am. I know that I am not a category. I am not a thing – a noun. I seem to be a verb, an evolutionary process – an integral function of the universe." (*21*)

Soviel Passage im Leben und Unterwegssein im Denken verlangte nach zuverlässigen Koordinaten. Chronofile half dabei, sie zu setzen und zu vergegenwärtigen. Es war nicht zufällig das Bild des Mariners, des Seefahrers und Navigators, das Fuller für sich entwarf, mit dem er sich identifizierte, weit mehr als mit den Rollen und Masken des Wissenschaftlers, des Ingenieurs und Architekten, die er zeitweilig annahm. Das Bedeutendste seiner geometrischen und strukturalen Forschungen verdankt sich zuallererst seiner Rebellion gegen die Vorherrschaft eines von ihm als irreführend erkannten, gleichwohl habituell gewordenen, Koordinatensystems, das durch die Euklidische Geometrie begründet und die Cartesische Philosophie rationalisiert wird. Gegen das orthogonale System der x-y-z-Koordinaten setzte Fuller seine, zunächst *energetisch* und später *synergetisch* genannte Geometrie, in der es nur Winkel- und Frequenzmodulationen gibt. (*22*)

Auch in einem buchstäblichen Sinne war Fullers Lebenswerk durch die Suche nach zuverlässigen Koordinaten bestimmt. Der erste Erfolg dieser Suche ist bezeichnenderweise verbunden mit dem Entwurf einer neuen Weltkarte, der Dymaxion World Map. (*23*) Die Projektionsmethode, die er hier entwickelt, ist eine erste Anwendung seines Koordinatensystems, das er in der Isotropen Vector Matrix des halbregelmäßigen Kuboktaeders findet. Aus dieser Grundlagenforschung gehen alle späteren Konstruktionen und Erfindungen Fullers hervor.

Noch in einem anderen Sinne ist Chronofile die Aufzeichnung und Dokumentation einer großen Passage, eines Durchgangsprozesses gewaltiger Transformationen, die sich im Brennpunkt des individuellen Lebens nur in einer Langzeitdokumentation erschließen. Es ist die Ahnung einer zivilisatorischen Transformation, die Fuller zur Führung von Chronofile veranlaßt, und schließlich die Gewißheit, Zeitgenosse und Zeuge dieser Transformation zu sein, die ihn darin bestärkt, Chronofile bis zu seinem Lebensende fortzuführen. In „A Citizen of the 21st Century Looks Back" nimmt Fuller größtmöglichen Abstand und versetzt sich ins 21. Jahrhundert, um die Konturen dieser Transformation noch klarer zu sehen und sich selbst als hineingeboren in deren Anfänge betrachtend: „As the era of this case history loomed into grater perspective to me, as readable in the Chronofile, it became more accurately identifiable as that which, on the one hand, terminated Sir Isaac Newton's normally 'at rest' world of myriadly and remotely isolated, hybrid cultures, to which change was anathema; and, on the other, opened Einstein's normally'dynamic', omniintegrating world culture to which change has come to seem evolutionary inevitable. By 1917 I was convinced that, unannounced by any authority, a much greater environmantal transformation was beginning to take place in our generation's unfolding experience than had occured, for instance, between my father's, grandfather's, greatgrandfather's, and great-great-grandfather's successive generations. Their writings contain glimpses of their lives in their successive undergraduate days in the classes of 1760, 1801, 1840, and 1883 at Harvard. They tell of day-long trips walking or driving from Cambridge to Boston via Watertown Bridge. [...] I felt intuitively in our freshman year that the subway, which then opened to connect Cambridge and Boston by a seven minute ride, was harbinger of an entirely new distance-Time relationship of humanity and its transforming environment. It seemed to me that *the* science-quaking fact of our boyhood was that light has a speed. Though fantastically fast, its 700 million miles per hour is not as absolutely fast as Newton's 'instant universe'. Newton's foundation was experimentally unrealistic. Light was real – but 99 % of reality's electromagnetic spectrum was invisible. We could no longer pilot with our physical senses. We had henceforth to rely upon intellect and its power to invent and navigate with the instruments which could tune and scan the vast ranges of nonsensorially tuneable reality. This called for intellectual confidence in the fundamental but nonobvious trends, and disregard for the only momentarily spectacular news." *(24)*

Früh davon überzeugt, daß die umwälzenden Entdeckungen der Naturwissenschaften praktische Auswirkungen auf das Alltagsleben hätten – auch wenn sich dies erst in einem längeren Zeitraum beobachten und in einem langwierigen Prozeß der „Reduktion zur Praxis" zeigen ließe – gewannen die Langzeitstudien über die wesentlichen Muster dieser Transformation erstrangige Bedeutung für Fullers Denken und Entwerfen. Oft sind seine zahlreichen Versuche, die Signifikanz wissenschaftlicher Entdeckungen im Hinblick auf die Veränderungen im Alltagsleben eine oder zwei Generationen später als *populärwissenschaftlich* abgetan worden. Aber dies verfehlt Fullers genuinen Beitrag, der gerade den Naturwissenschaftlern verschiedentlich in der Phase ihrer intensivsten Suche nach der Lösung bei der Identifikation von Strukturen und der Klärung ihrer Signifikanz geholfen hat. So geschehen bei der Entdeckung der Proteinschalen der Viren durch Caspar und Klug; so geschehen bei der Entdeckung des Buckminsterfullerens, der dritten Kohlenstoffmodifikation C 60, durch Kroto und Smalley, die Fullers Namen 1985, posthum, in die Annalen der Wissenschaften eingeschrieben haben. *(25)*

Die Rückwirkung von Fullers Arbeit an der Signifikanz von Mustern, von *patterns*, auf die Innovation in den Wissenschaften selbst wird inzwischen durch die Äußerungen erstrangiger Forscher belegt. So äußerte der Nobelpreisträger Aaron Klug anläßlich seiner Ernennung zum Präsidenten der Royal Society sich in einem Interview über Fuller:

„You have to make the effort to translate the language. I thought that was worth doing. I know some people felt he (Fuller) wasn't formulating things in a rigorous way, but don't give a damn for that. It's the result that counts. The value of Buckminster Fuller's work to me was that, no matter how, he arrived at a solution through his own methods of thinking. It was in seeing the big picture, not the details, that Fuller made his real contribution to science." (*26*)

Während man in den *harten* Naturwissenschaften die Arbeit des Autodidakten Fuller inzwischen zu würdigen weiß, sind Fullers Erkenntnisse und Konzepte, die den zivilisatorischen Transformationsprozeß betreffen, von der übrigen akademischen Welt bisher unbemerkt geblieben. Erst wenn sich dies ändert, wird Chronofile als kulturelle Chronik des 20. Jahrhunderts und als Arche, die die Keime des kommenden aufbewahrt, zu studieren und zu würdigen sein.

1) Kooning, Elaine de: Dymaxion Artist. (1952) In: dies.: The Spirit of Abstract Expressionism. Selected Writings. New York 1994 S. 109 – 116; dt. In: Krausse, Joachim, Claude Lichtenstein (Hg.) Your Private Sky: R. Buckminster Fuller – Diskurs. Baden (Schweiz) 2000

2) Marks, Robert: *The Dymaxion World of Buckminster Fuller.* New York 1960; vgl. auch die ausführliche Werkübersicht: Joachim Krause, Claude Lichtenstein (Hg.): *Your Private Sky: Buckminster Fuller, R. – Design.* Baden (Schweiz) 1999

3) *Inventions. The Patented Works of R. Buckminster Fuller.* New York 1983

4) Ebenda S. VII

5) Buckminster Fuller, R.: *A Comprehensive Anticipatory Design Science.* In: ders.: *No More Second Hand God and Other Writings.* Carbondale, III. 1963 S. 84 ff.

6) *US Industrialization.* In: *Fortune,* vol. xxi, no. 2, February 1940 S. 57 ff.; vgl. auch Krausse/Lichtenstein (Hg.): *Your Private Sky* (wie Anm. 2) S. 220 ff.

7) Buckminster Fuller, R.: *Synergetics. Explorations in the Geometry of Thinking.* New York 1975; ders.: *Synergetics 2.* New York 1979. Eine gut lesbare Einführung schrieb Amy Edmondson: *A Fuller Explanation. The Synergetic Geometry of R. Buckminster Fuller.* 2. Aufl. New York 1992

8) Buckminster Fuller, R.: *The Leonardo Type.* In: ders.: *Earth, Inc.* Garden City, NY, 1973 S. 27 ff.

9) Fuller 1983 (wie Anm. 3) S. XXIII

10) *Basic Biography Richard Buckminster Fuller.* Philadelphia 1983 (Privatdruck) S. 31-37

11) *Buckminster Fuller Archive* (BFA), Stanford University, Palo Alto, CA. Dymaxion Index, Section 17

12) BFA, Dymaxion Index, Section 8

13) BFA, Dymaxion Chronofile, vol. 36: *Meeting Thursday, July 9, 1929, Architectural League New York. Verbatim Report by National Stenotype Service, NYC.* Typoskript. Veröffentlicht in: Krausse/Lichtenstein (Hg.) 2000 (wie Anm. 1)

14) Eine Vorstellung davon gibt der Film „Buckminster Fuller: Thinking out loud" von Kirk Simon & Karen Goodman, New York 1995 (PBS American Masters)

15) Abgedruckt als Einleitung zu: Gene Youngblood: *Expanded Cinema.* New York 1970 S. 15-35; dt. in: *R. Buckminster Fuller: Bedienungsanleitung für das Raumschiff Erde und andere Schriften.* Hg. von Joachim Krausse, Amsterdam, Dresden 1998 S. 122 ff.

16) Vgl. Stuart Brand in: *The Millennium Whole Earth Catalog.* San Francisco 1994. S. 5, 36

17) Kuhns, William: *The Postindustrial Prophets.* New York 1971 S. 221

18) Buckminster Fuller, R.: *Critical Path.* New York 1981 S. 124

19) Buckminster Fuller, R.: *The Oregon Lectures* (no. 1 – 9), University of Oregon, July 1962, Transkript S. 324. BFA, Manuscript Files 62.07.01

20) *Buckminster Fuller, R.: Buckminster Fuller Chronofile. In: The Buckminster Fuller Reader. Ed. James Meller, London 1970 S. 17*

21) *Buckminster Fuller, R.: I Seem to Be a Verb. New York et al. 1970*

22) *siehe Anm. 7*

23) *Krausse, Joachim: Bauen von Weltbildern. Die Dymaxion-World von R. Buckminster Fuller. In: ARCH+ 116, März 1993 S. 50 – 69; vgl. Krausse/Lichtenstein (Hg.) 1999 (wie Anm. 2) S. 250 ff.*

24) *Buckminster Fuller, R.: Utopia or Oblivion: the Prospects for Humanity. New York 1969 S. 1 f.*

25) *Kroto, Harold W.: Die Entdeckung der Fullerene. Und: Krausse, Joachim: Buckminster Fuller und seine Modellierung des Universums. Beides in: Krätschmer Wolfgang, Heike Schuster (Hg.): Von Fuller bis zu Fullerenen. Braunschweig, Wiesbaden 1996 S. 53 – 80, 25 – 52*

26) *The Return of the Renaissance Man. Hugh Aldersay-Williams talks to Aaron Klug, the next president of the Royal Society. In: The Guardian, November 30, 1995 S. 10*

Joachim Krausse

Biographien

Michael Andritzky

war zwölf Jahre Generalsekretär des Deutschen Werkbundes in Darmstadt und ist derzeit Mitglied im Vorstand des DWB Baden-Württemberg. Seine umfangreiche publizistische Tätigkeit schließt Filme und Ausstellungen ein, etwa ‘OIKOS’, ‘z. B. Stühle’, ‘Wie viel Wärme braucht der Mensch’. Sein besonderes Interesse gilt intelligenten, gleichwohl populären Formen der Kulturvermittlung zwischen Hoch- und Alltagskultur. Sein neustes Projekt ist eine Ausstellung zum Thema ‘Das Jahrhundert des Design’ für das Badische Landesmuseum und das Kästner-museum Hannover.

Prof. Dr.-Ing. Frue Cheng

ist Associate Professor für Produkt- und Möbeldesign an der National Taipeh University of Technology, Taiwan. Er hat, nach Studium in Taipeh, in Berlin ein Designstudium absolviert und in verschiedenen Designbüros gearbeitet. Danach Architekturstudium in Stuttgart, wo er auch promoviert hat. Veröffentlichungen zur Semiotik.

Michele De Lucchi

ist Architekt und Designer mit einem Studio in Mailand. Er ist einer der Gründer von Memphis und hat das italienische Design maßgeblich mitgeprägt. Er hat an der Domus Akademie unterrichtet und an zahlreichen internationalen Schulen und Institutionen Vorträge und worshops gehalten. Produkte aus seinem Studio sind in allen wichtigen Sammlungen zu finden. Namhafte Firmen und Institutionen, auch in Deutschland, gehören zu seinen Kunden. Es gibt zahlreiche Publikationen von und über ihn.

Prof. William Firebrace

ist Architekt und Autor. Entwarf die Pelican Bar in Buenos Aires. Geboren in der Goldhawk Road, London. Lehrte an der Architectural Association und an der HdK Berlin. Professor für Grundlagen der Gestaltung an der Akademie der bildenden Künste Stuttgart. Autor von ‘Things Worth Seeing’, Black Dog Publishing 1999, ein Roman. Schreibt einen neuen ‘Begin Again’ und hat Probleme anzufangen.

Peter Frank

studierte Design an der Folkwangschule in Essen und war dort Assistent bei Prof. Werner Glasenap und dann Stipendiat am Royal College of Art, London. Danach war er tätig bei Bayer Leverkusen und dem IDZ Berlin. Acht Jahre lang war er Leiter des 'Haus Industrieform' Essen und Direktor bei Rosenthal in Selb. Von 1986 -1996 war er Leiter des Design Center Stuttgart.

Prof. Dr. Renate Gebeßler

ist langjährige Lehrbeauftragte für Semiotik und Wahrnehmungslehre im Studiengang Architektur und Design an der Staatlichen Akademie der Bildenden Künste Stuttgart. Sie studierte Philosophie, Anthropologie und Kunstgeschichte an den Universitäten Tübingen und Stuttgart bei Bloch und Bense. Ihre Arbeitsschwerpunkte sind Humanisierungskonzepte für Krankenhäuser und Industriebetriebe.

Prof. Heike Göller

ist Absolventin der Staatlichen Akademie der Bildenden Künste, wo sie danach Assistentin bei Herbert Hirche, Wolfgang Henning und Arno Votteler war. Seit 1977 ist sie Professorin im Department of Industrial, Interior and Visual Communication Design an der Ohio State University, USA.

Prof. Dr. Eugen Gomringer

studierte Nationalökonomie und Kunstgeschichte in Bern und Rom. 1953 veröffentlichte er seinen ersten Gedichtband und gilt als Begründer der konkreten Poesie. Er war Sekretär von Max Bill an der Hochschule für Gestaltung Ulm, danach Geschäftsführer des Schweizerischen Werkbundes und Kulturbeauftragter der Rosenthal AG. Zahlreiche Vortragsreisen in Mittel-, Süd- und Nordamerika sowie Afrika. Von 1976-1990 Professor für Theorie der Ästhetik an der Kunstakademie Düsseldorf. Seit 1991 Honorarprofessor an der FH Zwickau. Autor zahlreicher kunstwissenschaftlicher und dichterischer Publikationen.

Kenneth Grange

ist Gründungsmitglied des renommierten englischen und international operierenden Designbüros „Pentagram". Nach seiner Ausbildung am Willesden College of Art war er zuerst in den Büros von Gordon Bowyer und Jack Howe tätig, bevor er 1958 sein eigenes Studio gründete, das 1972 Teil von Pentagram wurde. Kenneth Grange zählt zu den Pionieren des englischen Design. Seine Arbeiten wurden mit zahlreichen Preisen ausgezeichnet und ausgestellt. Es gibt zahlreiche Veröffentlichungen von und über ihn.

Prof. Alfred Hückler

diplomierter Formgestalter und
Ingenieur, entwarf zwanzig Jahre
in der Industrie Geräte und lehrte
seit 1970 an der Kunsthochschule
Berlin Weissensee, Hochschule für
Gestaltung; von 1991 bis 1996
deren Rektor, bis 1998 Professor
für Designgrundlagen/Entwerfen
und Produktlehre. Daneben:
fünfundzwanzig Jahre Leiter der
Arbeitsgemeinschaft „Technische
Formgestaltung" der Kammer der
Technik, Publikationen und
Lehraufträge im In- und Ausland,
Konstruktive Grafik und Plastik.

Prof. Dr. Heinz Hirdina

lehrt Theorie und Geschichte des
Design an der Kunsthochschule
Berlin-Weissensee. Nach dem Studium von Philosophie, Germani-
stik und Kulturwissenschaft an
den Universitäten Jena, Leipzig
und Berlin war er als Lektor tätig.
Von 1973-1979 war er Chefredak-
teur der Zeitschrift form + zweck.
Er ist Autor zahlreicher Bücher
und Aufsätze, die auch vor der
„Wende" ihre Beachtung fanden.

Prof. Heiner Imkamp

lehrt Konsumökonomik an der
Universität Hohenheim und ist
seit 1983 Lehrbeauftragter für
Soziologie an der Staatlichen Aka-
demie der Bildenden Künste
Stuttgart. Er studierte Volkswirt-
schaftslehre und Psychologie in
Heidelberg und Hamburg, war
Fachvertreter für Marketing am
Fachbereich Gestaltung der Fach-
hochschule Hamburg und lehrte
in Deutschland außerdem an den
Universitäten Hamburg und Kiel
und an der Berufspädagogischen
Hochschule Eßlingen. Internatio-
nale Lehr- und Vortragstätigkeit
in den USA, den Niederlanden,
Thailand und Südafrika. Er ist
Schriftsteller der wissenschaftlichen Fachzeitschrift „Journal of
Consumer Policy", die in Boston
und London erscheint.

Prof. Karl Höing

ist Leiter des Studiengangs für
Textilgestaltung an der Staatlichen
Akademie der Bildenden Künste
Stuttgart. Nach Studium bei Leo
Wollner Gründung eines Design
Büros in Florenz, von wo aus er in
Deutschland, der Schweiz und Ita-
lien freiberuflich tätig war für die
Bekleidungs- und Heimtextil-
industrie. Seit 1991 ordentlicher
Professor.

Prof. Dr. phil. Joachim Krausse

war Lehrbeauftragter für Designtheorie an der HDK Berlin und ist jetzt Professor an der FH Anhalt in Dessau. Er ist Verfasser zahlreicher Publikationen zu Architektur-, Design- und Kulturgeschichte und ständiger Mitarbeiter der Zeitschrift Arch+. Bekannt geworden ist er vor allem als Herausgeber der Schriften von Buckminster Fuller, dessen Ausstellung „Your Private Sky" er wissenschaftlich betreut und den dazu erschienenen Katalog bearbeitet hat.

Prof. Liu Guanzhong

ist Dekan der Abteilung Industrial Design an der State Academy of Art and Design in Peking, wo er von 1961-1966 studiert hat. Von 1981-1986 studierte er als Post Graduate an der Staatlichen Akademie der Bildenden Künste Stuttgart, um danach an seiner Hochschule einen der ersten Designstudiengänge in China zu gründen.
Er ist freiberuflich als Designer und Consultant tätig und ist Mitglied in zahlreichen Vereinigungen der Volksrepublik China.

Prof. Dr. Victor Margolin

studierte an der Columbia University und dem Union Institut und ist seit 1981 Professor für Kunst- und Designgeschichte an der University of Illinois, Chicago, USA. Er ist Verfasser zahlreicher Fachpublikationen und Bücher etwa über Rodchenko, Lissitzky und Moholy-Nagy. Lehraufträge und Vorträge an europäischen Hochschulen.

Prof. Richard Sapper

studierte Philosophie, Maschinenbau und Betriebswirtschaft in München, arbeitete in der Styling-Abteilung von Daimler Benz und danach für Gio Ponti in Mailand und für das Kaufhaus „La Rinascente". In den siebziger Jahren war er Partner im Büro von Marco Zanuso. Seit 1980 ist er verantwortlich für das weltweite Design der IBM Corporation. Seine Produkte wurden vielfach ausgezeichnet, und viele sind zu Design-Klassikern geworden. Lehrtätigkeit an vielen Designschulen. Von 1986–1997 war er ordentlicher Professor an der Staatlichen Akademie der Bildenden Künste Stuttgart.

Prof. Winfried Scheuer

Industrie Designer und Autor, lebt in London und Stuttgart. Studium Akademie Stuttgart und Royal College of Art London. Nach drei Jahren bei IDTwo in San Francisco seit 1986 selbständig in London: Arbeiten für Authentics, Aero, Teunen&Teunen etc. Beiträge u.a. für Zeitschriften Form, Blueprint. Lehrte unter anderem am Royal College of Art London und an der HdK Berlin. Seit 1999 Professor für Industrie Design an der Staatlichen Akademie der bildenden Künste in Stuttgart.

Prof. Dr.-Ing Jörg Schlaich

ist Bauingenieur und Leiter des Instituts für Tragwerksentwurf und -konstruktion an der Universität Stuttgart. Er ist Gesellschafter des Stuttgarter Büros Schlaich, Bergermann und Partner und verantwortlich für eine Reihe bedeutender nationaler und internationaler, vielfach ausgezeichneter Ingenieurbauwerke. Er engagiert sich für das Berufsbild des Ingenieurs, die Gestaltqualität im Ingenieurbau und für nachhaltige Energiegewinnung, was ihn zu einem gefragten Referenten im In-und Ausland gemacht hat. Autor vieler Fachveröffentlichungen und Bücher.

Herbert Schultes

arbeitete, nach Ingenieur- und Designstudium, bei der Siemens AG , wo er Assistent des Chefdesigners war. Verantwortlich für den Aufbau des Studiengangs Industrial Design an der FH München und Mitbegründer des Designbüros Schlagheck Schultes. Seit 1985 ist er Chefdesigner der Siemens AG, ist geschätzter Vertreter in Fachgremien u.a. als maßgeblicher „Promoter" der Internationalen Design Konferenz „Visions of German Design" in Aspen, USA.

Prof. Fritz Seitz

war Schüler von Willi Baumeister in Stuttgart, wo er Malerei studierte. Sein Arbeitsgebiet sind Grundlagen im Bildnerischen. Häufig hervorgetreten ist er als Theoretiker des deutschen Graphik-Design. Er arbeitet vor allem auf dem Gebiet der Farb-Theorie und Farb-Praxis und ist Berater namhafter Unternehmen. Von 1965 bis 1992 war er Professor an der HDK Hamburg und seit 1970 Lehrbeauftragter für Farblehre im Studiengang Produktgestaltung an der Staatlichen Akademie der Bildenden Künste Stuttgart.

Otto Sudrow

studierte an der Staatlichen Akademie der Bildenden Künste Stuttgart, war wissenschaftlicher Mitarbeiter am Institut für leichte Flächentragwerke der Uni Stuttgart, Assistent im Studiengang Produktgestaltung und Gastprofessor für Designtheorie an der Hochschule der Künste Berlin. Freiberuflich tätig in der Designer Societät Stuttgart und Geschäftsführender Gesellschafter der MAGAZIN GmbH Stuttgart.

Prof. Arno Votteler

studierte an der Staatlichen Akademie der Bildenden Künste bei Herbert Hirche. Nach freier Mitarbeit bei Robert Gutmann in London gründete er 1961 sein eigenes Büro. Im gleichen Jahr wird er Professor für Industriedesign an der Kunsthochschule Braunschweig und übernimmt 1976 den Lehrstuhl für Innenausbau und Möbeldesign in Stuttgart. Dort gründete er das Institut für Innenarchitektur und Möbeldesign, heute Weißenhofinstitut, das mit den Weißenhofseminaren bekannt wurde. Er hat für zahlreiche Firmen gearbeitet und sich mit seinen erfolgreichen Möbelentwürfen einen Namen gemacht.

Prof. Kurt Weidemann

lehrte Verbale und Visuelle Kommunikation an der Staatlichen Akademie der Bildenden Künste und danach an der Wissenschaftlichen Hochschule für Unternehmensführung in Koblenz. Er ist Gastprofessor an der Hochschule für Gestaltung Karlsruhe und überregional bekannt als Schrift- und Buchgestalter. Zahlreiche von ihm gestaltete Schriften und Bücher wurden ausgezeichnet und in Ausstellungen gezeigt. 1986 war er Beauftragter der Landesregierung für den internationalen Design Kongreß „Erkundungen". Als freier Unternehmensberater ist er für namhafte Firmen und Institutionen tätig.

Impressum

Die Deutsche Bibliothek Frankfurt – CIP-Einheitsaufnahme.
Ein Titeldatensatz für diese Publikation ist bei der Deutschen
Bibliothek erhältlich

Hohenheim Verlag, Stuttgart · Leipzig
© 2000 Ernst Klett Verlag GmbH, Stuttgart
Alle Rechte vorbehalten
Druck und Bindearbeiten: W. Röck, Weinsberg
Printed in Germany
ISBN 3-89850-018-7